政协委员讲

辽宁故事

政协委员 讲 辽宁故事 2

ZHENGXIE WEIYUAN JIANG LIAONING GUSHI

本书编委会　编

中国文史出版社

编委会

主　　任：王德佳

副 主 任：韩文华

成　　员：赵连生　孙志浩　李晓多　杨春烨

编写组

执行主编：杨春烨　陈　政

编　　辑：马一　洪曦　高威　宋宏梁
　　　　　徐向南　贾明达

目　录 CONTENTS

1

老百姓身边的法治宣讲员

李宗胜

沈阳市执业律师有 6252 人，我就是其中一员。在沈阳市委、市政府的领导下，沈阳市执业律师在反腐败斗争、扫黑除恶、打伞破网、民行审判、法律援助、涉诉涉法信访、一村屯一社区一法律顾问、法治进校园、政府法律顾问制度等方面，时刻为追求公平正义、追求法律的正确实施履职尽责，是沈阳这座新中国工业城市法治文

明建设不可或缺的重要力量。

从业 20 多年，我始终坚持普法工作，做一名尽职尽责的法治宣传员。《中华人民共和国民法典》颁布后，我从政协委员职责和执业律师专业角度出发，认真学习习近平总书记在中央政治局集体学习时的讲话精神：讲清楚实施好民法典，是坚持以人民为中心、保障人民权益实现和发展的必然要求，是发展社会主义市场经济、巩固社会主义基本经济制度的必然要求，是提高我们党治国理政水平的必然要求。我根据不同受众情况，从党建、公安、政法、人大、政协、行政、社会治理、社区、企业、妇联、律师等不同角度，做了 30 余个课件，有针对性地开展了 40 场宣讲。对社区群众，就从身边的日常生活讲民法典如何守护人民群众的利益；对企业，就从企业权利和规范经营讲民法典如何促进市场主体发展；对行政机关，就从民法典与依法行政的关系角度讲民法典对规范行政行为的影响……我的讲解使不同的受众切实体会到了民法典的包罗万象、博大精深，感受到法治的力量和温度，让民法典这部"生活的百科全书"活灵活现地展现在人们面前。

2020 年 10 月，我在沈阳晚报融媒体的"指尖沈阳"App 开辟民法典解读专栏，通过"以案说法"的形式，把发生在群众身边的事儿、社会关注的热点案件，和化解纠纷矛盾的实际案例融入对民法典的宣传之中，连续推送 100 期，阅读量达 120 余万；2021 年 11 月，按照辽宁省司法厅的要求，民法典实施后，我将与行政机关工作息息相关的具体条文进行梳理，并整理与此直接关联的行政法律条文，系统概括如何在履行行政职责时贯彻民法典、如何规范行政行为，组织专业律师高质量完成《在行政执法中贯彻落实〈中华人民共和国民法典〉工作指引》。

不仅如此，我还将民法典的精髓要义应用于履职尽责中，组织

律师对辽宁省 132 部地方性法规、189 部省政府规章进行梳理，提出许多有价值的修改意见，此举在全国律师行业也是独树一帜。此外，还为机关、学校、社区、律师协会开办"行政处罚法修订解读""未成年人权益保护与预防犯罪"等专题讲座十余次；每年的宪法宣传周期间，我又成为宪法义务宣传员，根据每年宪法宣传主题的不同，向不同受众普及宪法的修改内容及其必要性，宣讲从宪法角度看习近平法治思想的贯彻和执行等等。

作为政协委员，我积极参加市政协社法委组织的"双岗双责双作为"活动，参与调研助力企业复工复产、普法进社区，及时提交社情民意信息。作为市政协社会法制委员会委员，我还积极参与到市政协法制委的工作中，担任市人大常委会立法顾问。多年来，我参与了《沈阳市物业管理条例》《沈阳市养犬管理条例》《沈阳市城市供热管理条例》《沈阳市文明行为促进条例》等近 20 部地方性法规论证和修改，并对《中华人民共和国民事诉讼法》《中华人民共和国行政诉讼法》《中华人民共和国刑事诉讼法》《中华人民共和国行政处罚法》《中华人民共和国个人所得税法》《中华人民共和国强制执行法》《中华人民共和国立法法》等20多部法律提出修改意见。2021年，我提交的《关于进一步优化联合审批制 为我市优化营商环境提质增效的提案》被确定为市政协年度重点提案。

践行初心使命，不以山海为远；传播法治思想，不以咫尺为近。我和沈阳6000多名律师一道，用每一次奉献、每一份努力，让沈阳的法治文明之花绽放得更加绚丽多彩。

(作者系沈阳市政协委员、辽宁安行律师事务所创始合伙人)

北国的江南水乡

孔　华

江南水乡，一直是众多北方人想去的地方。那里的白墙黛瓦、乌篷小船、亭台楼榭，不知让多少北方人心向往之。然而，你可知道，其实无须千里跋涉，只要来到鞍山岫岩水巷，便可一览北国的"江南水乡"。

位于鞍山市岫岩满族自治县境内的岫岩水巷坐落在风光秀丽的"洋河第一湾"，距离岫岩县城仅 3 公里，丹锡高速公路穿境而过，沈阳、大连市民来这里自驾游，约 2.5 小时就可到达。景区由浙江著名的南方设计院及杭州桐庐旅游业界专业人士精心打造，在青山

叠翠的护佑下，不仅已经初具规模，更成为藏于大山深处的曲径通幽之所，几年间岫岩水巷景区已闻名遐迩，吸引关内外游客纷至沓来，成为辽宁省的又一特色风景区。

"江南建筑为形，国学文化为魂"是岫岩水巷景区创建的核心。水巷有三种形式：一是河街并列的水巷，二是有河无街的水巷，三是两街夹河的水巷。岫岩水巷包含这三种水巷的特点，结合景区属地绝佳的山水风貌，可谓立意高远，成为"国内唯一、活口水巷"景区的典范。

整个景区由"综合服务区""水巷主题街区""民俗民宿区""户外拓展区""儿童乐园区""幸福港湾区"等七大功能区域组成，为游客全力打造"关东江南""梦里水乡"的美景；走进岫岩水巷，仿佛置身在一幅美丽的画卷中，雕梁画栋，小桥流水，廊桥水榭，一步一景。烂漫春天，可踏青观花；炎炎夏日，借山水消暑；金色秋季，看层林尽染；凛冽寒冬，赏冰雪世界。所以在这里，你可以远离都市的喧嚣，远离尘世的纷扰，追求身心的放松、心灵的归宿，

达到天人合一、回归自然的境界。这正是：忽闻天宫落瑶池，顿觉洋河彩翠奇。李白神游今到此，感叹难画亦难诗。

　　游客进入景区后，可沿唐风御道游玩，主要景点有：水巷划船、儿童乐园、竹筏漂流、水上婚礼、滑草、婚纱摄影、水巷演艺、野外露营、洋河金滩、滑冰滑雪、花海、水巷垂钓、江南庭院、月牙湖、同心锁、爱情幸福港湾、龙凤岛、港西叠瀑、荷花池、文化广场、休闲天堂、白鹭洲、桃花岛、小瀛洲等等，数不胜数。

　　景区大门集徽派建筑之精华，其形制构思精巧，自然得体。高墙九米，矮墙五米，斗拱连体，韵律自然。上书"历史仿佛在此处拐了一个弯，把生活过成一条甜蜜的河"，道尽了此处的地理环境和人们对美好生活的期盼！

　　洋河金滩，面对群山。河水在此处留下了深情的吻，将一片美丽永久地刻在了这里。天空与大河拥有共同的蔚蓝，河水潺潺音尚可，白沙软软应属我。来到洋河金滩一起或坐看落霞孤鹭、星光明月，或对酒当歌，分享露营晚餐。景区还有关于唐代、清代的传说。

美女矶、唐风御道、贞观亭这些古迹经历千百年风霜，古风犹存。

水巷是画家创作的优美题材，是学生描摹的绝佳对象，是人们追索的梦里故乡。"小桥、流水、人家"蕴藏着采撷不尽的诗情画意。水巷的构建，是我们对水的利用纵横得法，对水的疏理井然有序，给人们提供快乐之源，给人们带来生活之美。两者浑然一体，高度融合。"水畔桃柳谁栽，檐下衣裳谁挂？以粉墙黛瓦，作天然图画。只一条斜阳巷陌，便胜过，多少雪月风华。"满目青翠、郁郁葱葱，白帆点点、桨声舟影，人和物阜、安宁悠闲，俨然是桃花源现代之翻版。游人听桥的故事，闻亭的传说，观鸟的神态，赏花的海洋，游山的风光，玩水的乐趣，体验旅行的愉快。

而今，在当地党委、政府的共同努力下，岫岩水巷风景区已被打造成文化底蕴深厚、历史遗存丰富的观光、休闲、旅游之地。

早知岫岩有水巷，何必辛苦下江南。如果您想远离都市的喧嚣纷扰，追求身心的宁静放松，那么，这里就是您回归自然的理想境地，就是您魂牵梦绕的"关东江南""梦里水乡"。

（作者系鞍山市政协委员，鞍山市岫岩县政协党组书记、主席）

我在这里歌唱

佟俊梅

1994年7月，机缘巧合下，大学毕业的我来到抚顺市清原县参加工作。本没想在这里长留，但是火车一入清原境内，袅娜的雾气、满目的苍翠便将我层层包裹，我的身心得到了从未有过的舒展和净化。

也许这就是缘分，冥冥中的指引。而当雾气散尽，层峦叠嶂、莽莽林海便尽收眼底。坐上板的车穿行在这个小小的县城，没有大都市的灯红酒绿，目之所及都是自然的朴实无华。也许因为我是农民的儿女，骨子里的泥土味，让我竟然没有一点落差，而是自然地亲近和主动地融入，飘着的心很快便轻轻放下。要说秀美的景色是诱惑，那淳朴的民风就是更深的诱惑，和蔼可亲的刘主任、风趣幽默的于哥、粗中有细的周哥，还有满身故事的老魏工。我们矿管办一台2020S吉普每日都在蓝天碧水间穿行，老的老，小的小，一路欢声笑语，不是一家人胜似一家人，接触到的都是暖心的同事、朴实的乡亲，以至我深陷其中不能自拔，在抚顺一待就是近三十个春秋。

抚顺有独特的美，她不是粗率豪放的，也不是小家碧玉式的，她是兼顾了温婉和粗犷的美，就像这样一个女子，美丽却不失婉约，端庄却不失豪放，稳重却不乏幽默，一口大楂子味儿是这里最美的乡音，这就是抚顺的特质，无法模仿和超越的存在。

一弯玄菟明月穿越了五千年历史，古老的赫图阿拉演绎了弯弓射大雕的美丽神话。汹涌的浑河水依然奔流不息，春天映衬五花山的云卷云舒，夏天拥抱红河谷的如龙战队，秋天流淌枫红遍野的秋日私语，冬天则银装素裹将孩子们的欢笑声一一收藏。

现在的我，应该算个老抚顺了，虽然抚顺是我的第二故乡，但对抚顺的热爱一直是我心中的一团烈火，随时都可能被点燃，写下这篇名为《抚顺！抚顺》的歌词，便是情感爆发时内心流淌出的文字。这首歌词是以一个男孩追求一个女孩的承诺切入，通过男孩带女孩走过抚顺城市乡村的每一个角落，展现抚顺这座城市的美和美好爱情一生的承诺，字里行间，有怀念，有热爱，更有感恩。

记得当时，我坐在通勤车上，看着车窗外的抚顺，在抚顺生活的点点滴滴像放电影似的闪过眼前，沉积在心底的情愫一下子浮上心头，让我禁不住拿起手机，记下了那些蜂拥而来的文字，于是便有了这篇歌词。

由歌词到一首歌曲的诞生过程是很繁杂的，谱曲、配乐、录制、修音到最后诞生，每个环节都需要精心打磨，反复推敲，应该说这首歌凝聚了众多创作者的心血，所有的工作都是靠着大家对抚顺的热爱自发加入完成的。这里有来自深圳和长沙的加盟，也有本地的力量，作曲陈荆川、演唱赵松林、音乐制作赵绵龙、录制协调翁丽莉和岳丽，以及刘畅、何兆丽、靳莉、净溪和深圳声飞扬录音棚，都给予这首歌大力支持，大家毫无报酬，有的只是热爱，正因为有大家的爱心凝聚，这首歌曲才能如此打动人。

2021年1月23日，歌曲正式线上发布，一经发布，便引发了海内外的广泛关注，热潮一浪高过一浪，不到一年的时间播放量已突破 80 万次，转发近 5 万次。歌曲的留言页面写满了广大网友滚烫的话语，诉说着对抚顺的感人情愫。

"抚顺，我爱你，咱老家，泪目……"

"身在国外，能欣赏到故乡的秀美风光和动人歌声，使我倍感亲切，愈发思念，我在海外为抚顺点赞加油!"

"阔别家乡十三年，浑河水、高尔山，又福又顺。"

"好想回家呀!"

"做抚顺人骄傲!"

"抚顺山美水清人更美!"

"身为外地人的我好想去抚顺看看呀!"

抚顺文化历史底蕴深厚，百姓朴实善良，留给我从青春到暮年的所有幸福和感动。这里有很多文化元素需要宣传和挖掘，有很多美丽的风景需要去呈现，有很多独特的资源需要去开发，有很多美好的故事需要去讲述。我愿意尽己所能让更多人知道抚顺、爱上抚顺。我要在这里歌唱，歌唱淳朴的人民，歌唱这神奇的满乡。我要在这里歌唱，歌唱温暖着我、激励着我的家乡一路向阳，蓬勃发展。

(作者系抚顺市政协委员、抚顺市望花区副区长)

盘山路　振兴路

张　鑫

　　深秋时节的大山深处，景色浓郁。漫山遍野的红叶、黄叶缤纷如花，绚丽多彩，为层峦叠嶂的群山披上一层彩衣，形成一幅幅五彩缤纷的自然画卷。位于营口盖州市暖泉镇与梁屯镇交界的崇安岭盘山公路九曲十八弯，蜿蜒的曲线与大自然完美融合，行在其中，宛若在画中游弋。

　　崇安岭，海拔 500 多米，大山西侧为盖州市暖泉镇义尔岭董店

村，东侧为梁屯镇绵延村。在 1958 年之前，山上没路，两边村民相互走动或贸易需徒步翻山越岭，十分不便。1958 年，当时的盖平人民公社调动 7 个公社出动社员，修建了全长 6 公里的简易盘山路。由于是土路，坑洼难行，每年受山水影响，有多处路段被水冲毁甚至塌方，形成诸多安全隐患，给来往村民和车辆带来极大不便。为了通行安全，两侧村民和车辆宁愿绕行，多走 30 多公里的路程，也不愿在这些坑洼地段上赶路。由于道路不畅，当地农副产品运输及销售也受到很大影响。重修盘山路，铺上混凝土和柏油，真正意义上打通大山东西两侧，成为董店村和绵延村几代人的期盼。

在历届盖州市政协委员提案推动下，在暖泉镇党委、政府长期不懈的积极争取下，2021 年 8 月，市交通部门启动崇安岭盘山路重修工程，将原有狭窄的土路扩修到 8 米宽，并铺设 30 多厘米厚的混凝土路基和柏油路面。目前，该工程已经基本结束。重修完的盘山路宽阔平整、结实耐用，车流量逐渐增多。新修的道路不仅让困扰群众多年的出行难、农产品运输销售难等问题迎刃而解，也给村民

们未来的生活增添了更多希冀与憧憬。

从今以后，苹果、绒山羊、柞蚕等当地土特产有了一条更便捷、更安全的运输通道。"品质"与"颜值"大幅提升的盘山公路打通了乡村振兴发展的新通途，让这里越来越多的山货走出大山，走向更广阔的新兴市场，同时山乡美景也将为外来的人们提供清新的感受和诗情画意。

"看看，咱这岭上的景色多美！盘山路修得多好！"董店村村支部书记难掩兴奋地说，"要是没修这么好的盘山路，再好的美景也很难被世人看到。"

(作者系营口市盖州市政协委员、盖州市暖泉镇党委副书记)

"塞外瑰宝"大官窑

吴忠彦

抚顺大官窑是我国北方陶瓷发展史上的名窑，在《中国陶瓷史》中就有对大官窑的记载。它兴起于800多年前的辽金时代，兴盛于清代，毁于日本侵华战火，是抚顺历史上最有价值的文化遗存，有着"塞外瑰宝"的美誉。

大官窑陶瓷是北方陶瓷的典型代表，作品品类繁多，有盘、碗、罐、瓶等多种造型风格，其中动物造型的作品别具艺术特色，形象生动，野趣盎然。大官窑陶瓷作品釉色多用黑、白、灰、褐四种，尤其是黑釉陶瓷具有金属光泽，是北方锌铁结晶釉陶瓷的代表，也为现代结晶釉陶瓷奠定了基础。

历经800多年，时过境迁，大官窑的命运跌宕起伏，历经了兴盛繁荣、拉抻摧藏，三波六折。2018年，抚顺市九三学社成员、沈阳工学院陶艺工作室王永亮教授用十年时间系统整理了大官窑的陶土原料、制作工艺、艺术风格等传统大官窑陶瓷的生产系统资料，使这门失传的传统工艺重新回到今天的现实生活。王教授将抚顺大官窑申请为非物质文化遗产项目，使这门传统工艺获得应有的保护和传承。

为了让大官窑陶瓷能够得到广泛传承，王永亮教授对大官窑陶瓷进行了创新设计和改造。设计的新作品有鲜明的大官窑陶瓷艺术风格，同时满足现代人的日用需求和审美要求。他把东北自然风光和大官窑陶瓷传统釉色相结合创作出"白山黑水"系类大官窑陶瓷，受到陶瓷界的普遍认可，成为新的地方文化礼品代表，受到人们的追捧。

2019 年中央电视台、中国日报社、辽宁电视台等多家新闻媒体对抚顺大官窑陶瓷文化进行了系统化报道。其中，《中国日报》报道了清华大学陶瓷工作室主任、博士生导师杨金龙教授到访大官窑陶瓷工作室，他对大官窑陶瓷给予了"东北第一名窑"的高度评价。

2020 年 10 月 1 日，沈阳市和平区老北市文圣园五号院举办的大官窑陶瓷展，展出以沈阳故宫为创作元素的陶瓷作品，受到沈城市民的热烈关注，当天辽宁电视台第一时间对展览进行了新闻报道，同时该展览也引起中央电视台的关注，并在 10 月 1 日的央视新闻频道六次滚动播放展览的场面。历时一个月的展出累计接待参观市民 70 余万人次。

2020 年，九三学社抚顺市委《关于开发和利用大官窑陶瓷为抚顺打造城市新名片》的提案提出了依托抚顺大官窑非物质文化遗产，促进抚顺矿业集团产业转型发展的建议，引起抚顺市委领导的高度关注，经市委牵线抚顺矿业集团有限公司与沈阳工学院合作创建"抚顺大官窑陶瓷文创园"，于 2021 年 12 月 9 日正式揭牌运营。

大官窑陶瓷团队进驻文创园后，针对抚顺产业转型立足资源优势，对抚顺露天矿开采产生的固废材料中所含的矿生高岭土进行配方改造，使之成为生产抚顺大官窑陶瓷的优质材料，同时也可以满足其他品类陶瓷生产的需要，把矿山固废转化为有价值的生产资料，为抚顺矿山生态改造探索新途径。王永亮团队现阶段已经设计出大量以抚顺矿生高岭土为原料的大官窑陶瓷产品。文创园集陶瓷材料

研发、陶瓷生产、文化旅游、文创开发、技术培训为一体。这也是抚顺市非物质文化遗产产业化和传统企业立足资源优势转型振兴的一次有益探索。文创园开园以来，接待各类企业、团体、游客10000多人次，并通过参加中国（深圳）国际文化产业博览交易会等方式，传播和弘扬抚顺大官窑陶瓷文化，提高抚顺知名度，展示出抚顺老工业基地的良好发展预期。

(作者系抚顺市政协委员、九三学社抚顺市委副主委)

科创起航　未来可期

赵爱华

2021 年 10 月 15 日，锦州市召开的科技创新大会，让我们对锦州科技创新工作有了更深的认识，同时也增强了对锦州市未来发展的信心。

科技创新是一个国家、民族走向繁荣富强的立身之本，是企业在国际竞争中纵横捭阖的制胜之道。科技兴则民族兴，科技强则国家强。习近平总书记在十九届五中全会上提出，坚持创新在我国现代化建设全局中的核心地位，把科技自立自强作为国家发展的战略支撑。

在 20 世纪 60 年代，锦州人勇攀科技高峰，大搞技术革新和技术革命，集中人力、物力、财力创办新兴工业，不断打破国外技术垄断，建立了完备的工业体系，取得了令世人瞩目的辉煌成就，被中共中央评为"大庆式新兴工业地区"。1966 年 1 月，中共中央东北局召开经验交流会，来自北京、上海、广东等 14 个省 43 个市及中央 12 个部委、629 个基层单位、1910 人来锦州学习参观新兴工业。锦州创造了第一台真空感应电炉、第一支半导体晶体管、第一块石英玻璃等 21 项"新中国第一"。

坚持走创新路、吃创新饭，锦州以培育壮大新动能为重点，激发创新驱动内生动力，依靠创新把实体经济做实、做强、做优，积极扶持新兴产业加快发展，加快形成多点支撑、多业并举、多元发展的产业发展格局；从锦州资源禀赋出发，以科技企业群体培育为主线，围绕产业链部署创新链、围绕创新链布局产业链，不断推动科技和产业融合、高校院所和园区融合；持续开展"智联锦城""智汇锦城"品牌行动，持续推进"百企联百校"活动，开展科技成果精准对接，嫁接国内一流科技资源，以智赋能，焕发新活力。

近年来，在锦州市委、市政府的正确领导下，科技企业正在成为锦州新兴产业的领头雁，正在带动锦州经济发展动力变革，形成了科技企业成长的锦州模式。

引进拥有核心技术的海归团队创业，中试基地验证，天使投资资金注入，政府倾力政策扶植，成功实现科创板上市的神工模式；发端孵化于驻锦高校，依靠创新，核心产品竞争力不断增强，嫁接国内优势资源，实现发展壮大的奥鸿模式；驻锦高校科技人才创业，坚持产学研协同创新，实现以锦州为总部国内外多点布局，不断做强做大的万得模式；依托传统产业基础，集合国内最强专家团队持续攻关，成功打破国外技术垄断，实现差异化竞争优势的钛业模式。

科创的路，锦州能够走得通！政策"看得见的手"和科技"看不见的手"双重结合，锦州柳暗花明，一批企业成长为行业龙头和"隐形冠军"。

踏上新征程，百年再出发。锦州可以创新、必须创新、全域创新。

深化"产学研用政"协同创新，发挥锦州科教资源优势，持续推进"校地融合"专项行动；健全以企业为"盟主"、驻锦高校为支撑、国内一流科研院所引领的科技平台建设模式、实施"揭榜挂帅"制度、推进"带土移植"，制定"春芽计划"，探索发掘"爆品"、培育"深科技"、扶植"双五"企业的有效方式。

突出创新主体作用，加快科技企业群体培育，促进科技型中小企业"小升规""规升巨"，培育科技领军企业，打造特色产业集群。

强化科技创新载体建设，推进松山高新区聚焦"又高又新"提档升级。支持各县（市）、区建设特色产业中试基地，加强科技孵化载体建设。

形成创新人才聚集效应，创新科技人才评价体系，建设产业生态体系，支持拥有核心技术的科技人才在锦创业。

让创新观念根植全域，将创新作为发展灵魂，构建无人不创新、无时不创新、无处不创新的全域创新生动局面。

山海福地、锦绣之州，科技创新正在成为锦州的新标签。

东风浩荡，潮涌锦州，征帆饱挂，科创启航，未来可期！

（作者系锦州市政协委员、辽宁华睿科技有限公司总经理）

我的蛾飞蝶舞梦

黎　薇

　　我叫黎薇，来自抚顺市抚顺县，说起我的家，我有太多的骄傲。2014年5月，我家被评为首届全国"最美家庭""全国五好文明家庭""辽宁省十大最美家庭"。传承蛾蝶文化是我的家庭最爱的事业，这个事业里有美的传递，更有美的梦想。

　　为了弘扬蛾蝶文化，普及科学知识，传承大美事业，2003年，全家筹资近20万元，建立东北首家非营利性民间家庭蛾蝶馆。为了

采集蝴蝶标本，我踏遍了抚顺的山山水水、沟沟岔岔，每到蝴蝶飞舞的季节，我就带上水、馒头和咸菜，在深山里寻找蝴蝶，数不清多少次被马蜂蛰咬，数不清多少次摔倒又爬起，着实吃了不少苦。但每当我看到满屋珍藏的蝴蝶，感觉汗水和泪水没有白流，所有的苦都化成了甜。经过 10 多年的积累，我馆现馆藏蛾蝶标本 71 科 2020 种，基本涵盖了东北地区的蛾蝶种类，并存有国内外 40 多个国家的珍稀种类 500 多种。

由于我从小喜欢蝴蝶，迷恋蝴蝶文化，大家都叫我"蝴蝶公主"。除了日常工作，我几乎把全部精力都投入到了蝴蝶标本制作与蝴蝶贴画创作上面。白天采集回来的标本，我常常要连夜加工、整理，分门别类，看到一盒盒精美、整齐的劳动成果，我不但没有困意，还会有强烈的幸福感和成就感。

蝴蝶贴画又叫蝶翅画，是直接利用蝴蝶翅膀的自然形态，天然色彩和花纹、图案及翅脉来构图作画，融自然艺术与人为艺术为一体，具有特殊的质感与美感。我制作蝶翅画的手艺是父亲手把手教

出来的，小的时候看到父亲作画，我会站边上一边看一边琢磨，等到自己能够作画的时候，更是把最大的耐心和爱心用在作品上，努力让蝴蝶的美妙姿态展露无遗。经过多年的揣摩和尝试，我的技艺越来越纯熟，得到了父亲的认可，也开始创作属于自己的作品。

现在，我和父亲开发的蛾蝶工艺品已成为抚顺民间一绝，2008年被抚顺市政府列为抚顺满族民间非物质文化遗产项目。2010年12月18日，台湾中天电视台在省、市台办工作人员的陪同下，专程来到我的家庭蛾蝶博物馆采访，为海峡两岸团结和睦传播友谊。

多年来，蛾蝶馆吸引省内外、各市及全国的蛾蝶爱好者30余万人次前来参观、研讨。为了让更多的人了解蝴蝶文化，我们开始尝试走出去做展览，不管是乡村还是学校，无论是市内还是市外，我们先后在抚顺城乡旅游景点及本溪、沈阳等地举办公益性展览近百场次。

为更好地传播蛾蝶文化，我们家还自办了《华夏蛾蝶》通讯家庭小报，到目前已出版了411期，发行了3万多份，卓有成效地促进了蛾蝶文化交流。通过举办涉林相关的科普展——《严防林业有害生物，建设美丽中国》，获 2013 年度国家林业科学技术奖——梁希科普活动奖。蛾蝶馆 2012 年被辽宁省林业厅、省文化厅、省教育厅、团省委、省精神文明办联合授予辽宁省生态文化教育示范基地，2014 年被辽宁省林学会授予辽宁省林业科普基地。

由于上述成绩的取得，我先后被授予"辽宁省优秀巾帼志愿者""九三学社抚顺市爱岗敬业标兵""最美抚顺工人""最美乡村科技工作者""抚顺市优秀学雷锋志愿者""杰出学雷锋巾帼志愿者""雷锋传人""最美人物""最美志愿者"等荣誉称号。

作为抚顺县政协委员，我参加社会调研，广泛征求社情民意，积极建言献策。《关于保护和发展珍贵乡土树种的建议》《关于留住文化记忆，建设非遗平台，打造非遗旅游品牌，为抚顺县生态文明建设服务的建议》被抚顺县政协评为优秀提案；本人先后被抚顺县政协评为"政协工作先进个人""优秀政协委员"。

未来，我们的家庭博物馆将继续增加蛾蝶标本藏量，扩大家庭展馆面积，提高展品功能，提高展示水平，更好地为弘扬蛾蝶文化、防除林业有害生物、巩固绿化造林成果、保护森林资源、建设美丽辽宁服务！

（作者系抚顺市抚顺县政协委员、抚顺县满族民间蛾蝶博物馆馆长）

多彩辽河　美丽铁岭

陈福生

　　铁岭是辽河流入辽宁经过的第一座城市。作为铁岭的母亲河，辽河的干流铁岭段超过辽河总长度的1/3。水清岸绿、稻香苇茂、鱼游鸟鸣、人水和谐，被辽河环绕的铁岭在筑牢辽河流域安全屏障的同时，服务于自然，服务于文化，服务于健康，服务于休闲，服务于城乡，促进经济社会发展和生态环境保护协同共进。

　　这里是水美之城、生态之城。辽河、柴河、凡河交汇处自然形成的莲花湿地，是温带泛洪平原沼泽湿地，集生态保护、湿地科普、秀美景观、旅游观光、娱乐健身于一体，聚湿地文化、辽河文化、荷花文化、东北文化于一身，被授予国家湿地公园和国家城市湿地公园，曾以619个荷花展出品种创下吉尼斯世界纪录。

　　这里是宜居之城、快乐之城。绿荫河堤、公园广场是人们休闲游玩的好去处。自行车骑行、徒步健走、广场舞、太极拳、大秧歌等丰富的群众文化生活把铁岭装扮得有滋有味、多姿多彩。家喻户晓的小品、小戏、二人转等民间曲艺从这里走向全国，迸发的独特风趣和幽默使铁岭在"宇宙尽头"的同时，成为"网红之乡"。

　　这里是历史文化名城。流淌千年的辽河水承载着古渡口、古山城、古墓葬、古城古镇等历史遗存；民间美术、古老建筑、民间曲艺、民族民俗、特色饮食更是让人印象深刻，流连忘返。同时，大金文化、明清文化、家族文化、书院文化、流人文化、红学文化、少数民族文化都在这里留下深深的烙印。

这里还有永不褪色的红色记忆。周恩来总理亲切地称铁岭为"第二故乡"；辽北地区的第一个党组织——中共满洲省委开原支部在这里建立；杨靖宇领导指挥东北抗联，创建了"城子山抗日游击根据地"；铁岭人任辅臣是苏俄红军中国"红鹰团"团长，中国第一个布尔什维克；开原人高崇民被周恩来总理赞为"东北人的榜样"；"永做革命螺丝钉"的雷锋曾在铁岭工作生活……

锦鳞戏水、鸥鸟翔集，清风莲影、曲院荷风。蜿蜒流淌的辽河水、美丽怡然的生态环境、错落有致的现代建筑，还有生态小镇、特色民宿、农家小院……建在湿地上的铁岭做足"水"文章，打造集绿色生态、历史文化、全民健身、郊野休闲、现代农业观光等综合发展的多彩长廊。

"春花笑绿水，秋树舞青烟，湖天共一色，铁岭将胜仙。"我们期待水城家乡、幸福家乡的明天更美好！

（作者系辽宁省政协委员、铁岭市政协副主席）

采煤沉陷区之变

姜 臣

走进青年路南 5000 亩采煤沉陷影响区生态复垦项目生态园，放眼望去，金黄一片，延展开去，充盈天地间，600 万株葵花竞相开放，吸引众多游客前来观光。这里阡陌纵横，直达每一处微景观；水稻抽穗，一片嫩黄，郁郁葱葱；大片高粱，穗大近 30 厘米，正在由粉转红，害羞的样子十分可爱；沉甸甸的谷穗，在那里展示谦虚

游人参观改造后采沉区的向日葵花海

27

的魅力……一幅生态画卷向游人徐徐展开，让游客流连忘返，纷纷把照片上传朋友圈，喜悦之情溢于言表。

作为普通市民，我被这里的美景吸引；作为一名政协委员，我为采煤沉陷区可持续发展、转型发展之美所叹服。

近年来，天湖桥南采煤沉陷区综合治理地区受到前所未有的关注，因为这里有大片的葵花、生机勃发的生态园，更因为城乡居民普遍具有的青年路情结。上个世纪 80 年代至 90 年代，青年路是城市交通主要干线，沿线企业无数、居民众多，十分繁华。受采煤影响，进入新千年后开始沉陷，曾经的繁华说没就没了，留下 74 平方公里的空旷和荒芜。曾经有媒体记者站在天湖大桥之上看南北，慨叹"一边像欧洲，一边像非洲"。这里一度成为这座城市和新抚人心中之痛，成为抚顺人情感不愿触摸的地方。而今，这里有了风景，有着青年路情结的人们自然格外高兴，前来参观的游人也竞相与这里的一草一木亲密接触着。

采沉区平整改造现场

28

600万株葵花，不是这片土地固有的，也不是从天上掉下来的，它是抚顺人依靠勤劳的双手干出来的。我知道，采煤沉陷影响区生态复垦项目是抚顺市委、市政府做好资源枯竭型城市可持续发展鸿篇巨制的一个重要章节，作为区政协委员，我深知新抚区的不易，但充满奋斗精神的新抚人主动参与，密切配合，提前完成了土地征收和流转，启动了榆林地区居民避险搬迁工作，并将这葵花海、采沉记忆实景公园、东北记忆工业文明主题公园连成一片。

一代人有一代人的使命，一代人有一代人的担当，因为新中国的革命和建设需要煤，因为新时期改革开放需要煤，一代又一代煤矿职工奋斗不息、挖煤不止，向共和国输送8亿吨优质煤炭，同时也留下了工业废弃地和采煤沉陷区。因为国家由高速发展走向高质量发展，绿色发展、循环经济、建构环境友好型社会成为深入人心的时代发展主题，因为煤炭资源濒临枯竭需要产业转型，新时代新使命要求新一代新抚人必须承担起城市转型的历史责任，走进工业废弃地，走进采煤沉陷区和采煤影响区，以新气象新担当开创新局面新未来。

我知道，想要改变采沉区面貌，就必须勇于担当、自加压力。新抚人深耕细作人力资源产业园，建设新抚商贸物流集聚区配套基础设施，建设采沉记忆实景公园、东北记忆工业文明主题公园，变区位劣势为产业优势，推动地区高质量发展，在新抚全面振兴、全方位振兴的生机实践中当主角。新抚人转变发展理念，把采沉区当成资源和财富，运用发展工业文明旅游的思路策划和包装项目，坚持少投入大产出原则，实施采沉记忆实景公园建设，修建了景区广场、停车场和炭化木栈道，完成了一期工程建设。抚顺雷锋学院将其列入实景教学点，讲述党和国家对采沉区人民的关怀。

新抚区牢牢抓住产业转型和城市转型有利契机，全力改善生态

采沉区房屋沉陷实景

环境落后、基础设施配套不足、发展活力不强的问题，不断优化发展格局，持续紧盯项目建设，专业化、常态化、多频率地开展招引活动，大中小项目一起抓，用项目建设支撑采沉影响区发展，在发展的舞台上当好主角，书写出精彩的"新抚答卷"。

（作者系抚顺市新抚区政协委员、中共抚顺市新抚区委宣传部副部长）

为了一个民族工业品牌

龚亚林

　　31 年前，我从北京大学原子核物理专业毕业。在人生抉择的十字路口，我放弃出国深造、侨居北美的机会，怀揣干事创业的一腔热血，来到以轻工业闻名的丹东。自那时起，我就一门心思从事非动力核技术在工业在线检测领域的应用研究。从无到有，从落后到提升，再到迈向国际市场，我见证了国产仪表的崛起，也将我最美好的青春岁月献给了民族品牌工业核仪表的创新研究。

　　忆往昔，初来乍到时。我因所学专业与公司定位相吻合，得以参与研发矿浆品位仪。创新型项目没有相关成品与应用可以借鉴，需要详细了解客户需求，从头设计实验方案。我带着样机到辽阳弓长岭选矿厂调试，无数次修改计算模型，寻找化验值与计算值的规律，大半年时间吃住在现场……回想起研发初期的艰难，我还是很欣慰，付出总有回报，新产品应用最终得到客户的认可，为公司创造了可观的经济效益。

　　共奋进，做大民族品牌时。凭着一颗研发民族品牌的丹心，和一种追求极致的工作状态，我逐渐成长为丹东东方测控技术有限公司总工程师和在线检测仪表的技术带头人。精益求精的工匠精神，支撑我克服恶劣天气、身体不适等困难，始终坚持以身作则，做足现场观察分析的功课，带头研究项目、修改方案。2003年底，水分仪在用户应用过程中标定误差大，无法满足用户要求。为了查找原因，我前后一个多星期时间，在中子源直接照射下工作，即便眼花头晕也在坚持工作。经过一个多月的艰苦努力，针对客户的工艺情况提出了一套全新的方案，不但解决了产品问题，更提高了产品的适应性与性能指标。全心全意致力于产品研发，我长期放弃自己的休息时间，在长达20多年时间里没回过一次湖南老家……为了开发高起点的科技产品，搞好技术储备，我积极与中科院、中国工程物理研究院、清华大学等双一流科研院校保持交流合作，与俄罗斯、美国、澳大利亚、芬兰等国家的有关专家进行技术交流，参加相关领域的国内、国际组织学术会议，在对标技术前沿的交流实践中汲取养分，为关键材料和部件实现国产化打下坚实基础。我参与研发的中子活化水泥多元素分析仪产品不仅打破了国外的垄断，而且在国内市场上占有率超过了国外企业销售的产品总和，同时迫使国外产品在国内的售价大幅度下降，单台售价由400万元~500万元降到

300万元以下，降幅超过1/3，间接为国内企业降低投入成本，节省大量外汇。

看今朝，发挥品牌效应时。通过30多年的坚持与潜心开发，我带领公司研究团队研发出工业领域用于元素分析、品位分析、水分分析、浓度分析、计量分析、料位检测等用途的多个系列仪表，有些产品填补了国内技术空白，形成了产品的产业化，在冶金、矿山、煤炭、水泥、火电等领域大量应用，得到客户的认可，创造了可观的经济效益、社会效益。在国家重大科学仪器专项研发任务"中子活化多元素分析仪器的研发与应用"中，开发出的产品性能指标整体达到国外同类产品水平，关键核心指标甚至超过了国外同类产品。尤其是中子活化水泥多元素分析仪产品，成功打破国外垄断，迫使国外产品在国内售价降幅超过1/3。目前该产品已成功走向国际市场。

31年弹指一挥间。回望来路，我以"科技尖兵"的身份实现一个又一个技术突围，塑造了一支上百人组成的令国外竞争对手不敢

小觑的核技术研发团队。站在当下，我收获了鲜花、荣誉和掌声："享受国务院特殊津贴专家"、辽宁省"优秀专家"、辽宁省"优秀科技工作者"、辽宁省"杰出科技工作者"，丹东市开拓创新型"最美丹东人"……展望未来，我愿将起点归零，以更饱满的热情投入到新的科研项目中去，投入到培养新人、壮大队伍中去，投入到做强做大我们的民族品牌仪表产品中去。

（作者系辽宁省政协委员、丹东东方测控技术股份有限公司总工程师）

美起来的浑河岸

毛 兵

浑河古称沈水，是辽宁省第二大河，也是辽宁省水资源最丰富的内河之一。

浑河沿线具有丰富的历史文化资源。包括东汉时期的玄菟城遗址，盛京都城四塔四寺中的南塔和东塔，盛京八景中的浑河晚渡、天柱排青、辉山映雪，古代航运的上木场和下木场，以及近期恢复的秦开广场、山门寺、龙王庙、云飏阁等历史建筑。

近年来，"一河两岸"作为沈阳城市建设发展的重点板块，秉承

"以文化城、以水润城、以绿荫城、以园美城、以业兴城"的理念，在生态景观、水系治理、滨水慢道、服务设施、文化内涵、两岸开发建设等方面均取得很大成效，充分展现了北方的大河文化及沈阳的自然风光。

经过多年持续治理，浑河沈阳段水质持续改善。开展河道截污、清淤疏浚、河湖水系连通工程，持续改善浑河沿线的水生态环境，生态功能全面恢复。通过"背景林带、景观林带、滨水湿生植物带"丰富滩地竖向景观，塑造多层次立体式的种植形态体系，营造富有地域特色的滨河植物绿廊。尊重自然特征，由东至西形成了岛、洲、湾、湖、峡五大水域形态特征，两侧用地与形态特征呼应，构成了浑河水域向腹地延伸的生态网络系统，形成了气势磅礴、主线分明、地域鲜明、四季变化的北国风光景观带。

目前，浑河城市段滩地内已建成罗士圈生态公园、沈水湾公园、五里河公园、足球杯公园、长白岛森林公园、奥林匹克公园等12座大型滨河公园，总面积达7.36平方公里，成为沈阳市民日常健身、

休闲、娱乐的重要场所。在原有公园建设基础上，深入挖掘沿线历史事件、历史人物、诗词歌赋、盛京八景等历史文化资源以及产业科技、体育精神、生态文明等现代生活文化资源，建设了浑河晚渡、天柱排青等传统盛京八景和云飏阁、秦开广场、郎朗钢琴广场、沈水花田、长岛花海等文化及自然景观节点共 36 处，增添了浑河文化内涵，塑造了可观赏、可思考、可阅读、可参与的浑河滨水区。

以马拉松赛道建设为重点，滩地内形成全线贯通长达 80 公里的连续的自行车道、马拉松赛道、滨水步道三套完整的慢行系统。其中包括已成功举办 3 届滨河国际马拉松赛事的 42 公里国际马拉松标准赛道，东西连续、两岸贯通的 6 米宽、体现城市特色的高品质自行车道，连续贯通的 2 米宽人行步道。与自行车道一同构建两级滨水慢道体系，丰富了滩地内多样游览模式。富民桥段利用自然水面及现有赛艇码头，建设了赛艇基地，可承接国内 B 类赛事，兼顾专业比赛和商业比赛。同时建设了下伯官、王家湾、砂山等 6 处河坝，形成 7 段阶梯型连续水面，实现了浑河中心段自由通航。

　　结合滩地公园的场地功能及使用需求分级分类设置服务设施，为使用者提供均等的服务资源，保障浑河滩地使用的舒适性，提升公共空间的品质，形成了设施完善、标准统一、极具北国风光的水系景观特色。

　　浑河沈阳城市段共规划跨河桥梁26座，已经建成20座，平均间距2.5公里，承担着每日165万人次的跨河交通，为缝合南北主城提供了便利的交通条件。目前，浑河沿线可完整呈现金廊天际线，已形成"金廊看浑河，浑河看金廊"的"T字形"空间景观结构——K11会议中心、盛京大剧院、三好桥、富民桥、长青桥及刚刚落成的东塔桥已经成为亮丽的城市名片。

　　浑河的滨水活动给沈阳人及外地游客留下了深刻的印象。滨水活动以自然印记、生态环保、滨水创意、主题娱乐、运动健康为理念，结合沈阳四季分明的气候特色，做到"每月有活动，四季各不同"。其主要活动包括：春季的樱花节、雕塑节、风筝大赛以及摄影

展、艺术年展，夏季的龙舟大赛、帆船大赛、摩托艇比赛、浑河横渡、"印象沈阳"、音乐节、电影节、啤酒节，秋季的中秋游园会、菊花展、国庆游园会，以及冬季的冰雕展、雪雕展、雾凇节、冬泳比赛。这些丰富多彩的活动拉近了市民与浑河的关系，进一步提升了城市的发展活力。

（作者系沈阳市政协委员、沈阳市规划设计研究院有限公司董事长）

"天合模式"的循环路

庞宏凯

阜新是一座因煤而兴的城市，1897年，阜新人在新邱区发现了第一锹露头煤，这片土地从此掀开了煤炭开采的历史。从清末光绪年间到本世纪初，阜新市经过120多年的煤炭开掘，留下了巨型矸石山和粉煤灰大型堆放场，总堆积量达到20多亿吨。

立志移走矸石山

煤矸石是煤炭开采过程中排出的固体废物，是煤的伴生废石。截至目前，煤矸石的堆积和污染仍是一个世界性难题。

阜新天合环保建筑材料厂经理孙秀芹就生长在新邱区矸子山下。打记事起，家里人说话总是略带嘶哑，嗓子里从来没透亮过。"要是能把煤矸石山移走多好啊！"孙秀芹打小就有这个梦想。

长大后的孙秀芹开始做煤炭生意。一次偶然的机会，一个发电厂发电烧煤的废弃物粉煤灰需要处理掉。孙秀芹灵机一动，土地资源越来越紧张，这些粉煤灰可不可以替代黄土，做建筑材料的原料？有了这个想法，孙秀芹立即付诸行动。她承包了一家烧砖厂，试着将粉煤灰作为烧砖用的"土"。那些年，她虚心向行业专家请教，引

孙秀芹曾担任第六、第七、第八届新邱区政协委员

进专业人才，反复研究怎么才能用粉煤灰替代黄土做出砖。经过无数日夜的实验探索，2002 年，孙秀芹的高掺煤矸石、粉煤灰生产烧结砖工艺终获成功。然而她并没有止步不前。2009 年，她引进了烘干、焙烧一体的一次码烧隧道窑，不用红土，不用烧煤，砖坯子放进去，出来的就是成品红砖，真正实现了"制坯不用土，烧砖不用煤"，开辟了阜新循环经济产业高质量发展新模式。

不让一点资源浪费

孙秀芹发现，煤矸石和粉煤灰制成的砖坯是可燃的，在窑里只需点燃即可，温度非常均匀。孙秀芹又琢磨，能不能把烧砖的余热收集起来用于冬季供暖，这样既节省了冬季供暖费用，又能实现全年生产。

41

　　说干就干。孙秀芹又开始研究起能源的循环利用。2009年，孙秀芹建成了用烧砖隧道窑余热为车间和办公楼供暖的管道系统，真正实现了全年不停工。尝到甜头的孙秀芹又在琢磨，那些热源还能干点啥呢？一次，听一位造纸行业的同学说，造纸需要大量蒸汽源，她就立刻和这位同学商谈将造纸厂挪到自己公司来……2016年11月，天合环保材料厂成功产出第一轴生活用纸。在这条造纸生产线

上，她将造纸产生的废水通过管道循环到制坯车间，用于搅拌粉煤灰、煤矸石，做砖坯，实现零排放、零污染。

2017年，孙秀芹又购进发电设施，利用隧道窑余热发电项目也开始运转起来。天合环保建筑材料厂从之前的单一制砖到供暖、造纸和发电，真正实现了循环利用，利用再循环。

绿色发展再出发

2010年9月，阜新市建立再生资源循环经济产业基地；2012年11月，基地被国家发改委正式批准为首批资源综合利用"双百工程"示范基地。产业基地自建设以来，在孙秀芹的带领下，已成功建设新型隧道窑制砖企业18家，年产量12.5亿块标砖，产值达2.04亿元，年消耗煤矸石500万吨。其中有3户企业利用隧道窑余热产生的蒸汽生产纸制品项目已投产，2户企业纸制品加工项目将于年内启动。

2021年7月27日，在新邱区第十四次党代会上确定了未来5年新邱区循环产业发展的目标和方向：提质扩能循环经济，大力推广"天合模式"，建设集环保建材、余热发电、窑温造纸"全产业链"循环产业基地，把新邱打造成为中国"北方纸都"。

孙秀芹和她的团队向着绿色环保的循环经济发展之路再次出发。

（作者系阜新市新邱区政协委员、阜新市新邱区政协提案委主任）

炒起来的非遗梦

王永成

铁岭市政协委员高山深耕教育文化产业多年，却在 5 年前将事业重心转移到中国非物质文化遗产的研究、传承和发扬上，创建了"非遗外研网"。

谈起创建"非遗外研网"，还要从高山的另一个头衔说起——非物质文化遗产中榛阁榛子炒制技艺第三代传承人。他在铁岭市李千户柴家村建立了中榛阁榛子博物馆和铁岭榛子加工基地，不仅让百年历史的铁岭榛子种植、晾晒、炒制、加工技艺得到保护和传承，更实现了铁岭榛子全网直播销售，价格翻倍。

高山立志不仅要做非遗项目的传承人，更要做非遗产业的推动者。他所创建的非遗外研网是国内首个非物质文化遗产全品类展示交易平台，是辽宁省重点跨境电子商务项目。网站开通了民间文学、传统音乐、传统舞蹈、传统戏剧、曲艺、体育与杂技、传统美术、传统技艺、民间医药、民俗 10 大类目，建立了非遗大数据库，完成了 8 万非遗传承人数据录入、信息编辑和网上店铺建设工作。2020年，"非遗外研网"被商务部、中宣部、财政部、文旅部、国家广电总局评为"2019—2020 国家文化出口重点项目"。

非遗网建设伊始，高山就不仅限于把它定义为一个展示销售的

平台，更是当作一种文化产业来运营。以非遗网为基础，高山又推出了非遗"五个一"工程，即一网、一校、一馆、一店、一园。一网：外研非遗网现拥有 8 万条非遗大数据，5000 种非遗商品，是 2 万项中外非遗技艺的展示和销售平台；一校：外研非遗网校现有学员 4000 余人，围绕各种非遗项目开设 26 个课程；一馆：外研非遗馆建立于 2017 年，现有馆藏作品 5000 余件，2018 年外研非遗数字馆工程全线启动，引进 AR/VR 技术；一店：外研非遗体验店聚集了 500 种日常非遗美食、技艺产品；一园：外研非遗产业园现有入园企业 30 余家，促进城区文化产业集聚，乡村振兴。

挖掘中华文化的独特魅力，研究外来文化的融合发展。多年来，高山探寻非遗的脚步走遍中国，走向世界。2019 年，高山开启非物质文化遗产世界行活动，目前已完成韩国、德国、俄罗斯、阿联酋、美国之旅。如今外研非遗网业务范围遍布众多国家，且已在 10 个国家设有联络站或办事处。

高山说，外研非遗网不仅要保护好中国的非物质文化遗产，还

要保护好世界各国的非物质文化遗产。未来，外研非遗网将通过科技创新，实现非遗项目特色化、规模化、商品化，让非遗文化"火"起来、"活"起来。

（作者系铁岭市政协委员、铁岭市文化旅游和广播电视局副局长）

愿守一河爱一城

钱亚超

我是一个在盘锦生活二十余年的外地人。多年的朝夕相处，让我深深地爱上了这块物华天宝、宜居富饶的土地。带着对第二故乡的爱，我和许多环保志愿者不断探索前行，守护着养育这方水土的母亲河——辽河。

开发《辽河讲堂》科普课程，提升公众对河流认知与情感

2006年，是我人生的分水岭。这一年，我成为辽宁省第一位全职环保志愿者，全身心投入到湿地保护和物种保护的队伍中。在经过几年的一线环保实践后，2011年我联合志同道合的志愿者们一起发起成立了盘锦第一家以保护家乡河流生态环境为核心主题的民间环保组织。

机构成立那年，我们联合专家力量开发出《辽河大讲堂》系列科普课程，该课程截至目前已通过线上线下相结合的方式向超过9万公众传播了辽河科普知识，增强了公众对于母亲河的认知。我们的课程不仅让更多的青少年从宏观上树立对辽河的情感，更从具体层面帮助青少年了解到河流生态与每个人生活的关系、与这座城市

可持续发展的关系。由于持续的传播和带来的公众认知提升，我们带着这个项目经过层层角逐，获得团中央等八部委联合颁发的第六届母亲河奖（全国青年生态环保最高奖项），也让盘锦这座城市成为团中央青年环保圆桌会议上的行动典范。

定期组织巡河护河志愿行动，倡导全民科学参与河流保护

在公众对于家乡河流认知和情感提升的基础上，十余年间，我和志愿者们走遍了盘锦大大小小二十几条河流，徒步 3000 余公里，每年定期组织志愿者们开展巡河护水、监测水质和河岸及入海口清滩行动。2015 年，九三学社盘锦市委员会成立了九三学社盘锦市委会爱护环境志愿者协会，高知群体的参与不仅帮助我们的行动计划更具科学性，也令每一次活动设计得更具时尚元素，同时从另一个角度促进了政府部门与社会组织在民间环保领域的合作，让志愿者的行动更有效。

溯源探究辽河文明辽河文化，多维建设市民生态道德素养

从 2017 年开始，为了更系统地了解辽河的现状、历史和从文化的角度建设市民的生态道德素养，我和志愿者团队多次溯源至河北、内蒙古和吉林地区，深度学习、挖掘、整理源头文明，通过影像记录和传播的方法尝试发动全领域的公众力量共同实践护河行动，从而影响辽河最下游的盘锦河流生态。此溯源行动在 2017 年下半年成功争取到共青团辽宁省委的支持，率先在盘锦实施"四城联动青少年河流教育"项目，单单盘锦受教育公众（以青少年及其家庭为主）就有近万人。

撰写提案推出民间河长机制，政社携手维护辽河入海屏障

2018 年，在九三学社盘锦市委员会的推荐下，我成为八届盘锦市政协委员，这无疑又为我履行政协委员参政议政的职责为本土河流保护及治理建言献策提供了一个更大的平台。早在 2018 年，我们就尝试以"民间河长"配合党政河长开展河流保护的模式。2020年，经过多次一线调研和经验积累并结合中共中央办公厅、国务院办公厅《关于全面推行河长制的意见》的通知，我撰写了《关于设置"民间河长"的提案》。2020 年，我在盘锦市水利局的推选下，入围由全国水利部、全国总工会和全国妇联联合组织的"最美河湖卫士"候选人。

多年来在一线卓有成效的护河实践，令我们的工作获得了社会各界的认可，我们机构及我个人先后获得团中央第六届母亲河奖、中国青年丰田环保奖、中国青年志愿服务项目大赛银奖、全国少年

儿童生态道德教育优秀指导教师、2011—2020 年连续 10 年九三学社中央社会服务先进个人、辽宁省优秀环保志愿者、盘锦市志愿服务先进个人及盘锦最美人物等奖项和荣誉。

　　而我，作为一名深爱盘锦这座城市的人，作为一名对于盘锦母亲河有着特殊情感的环保志愿者，作为一名市政协委员，在盘锦日新月异变化的浪潮中，依然会身体力行为之努力和付出，也在幸福地享受着变化后的幸福。

（作者系盘锦市政协委员、盘锦市大洼区环境科普公益协会会长）

愿凭一茶建一路

李　莉

为传承中华茶文化，16年前，我创办了大连古文化茶艺职业培训学校，为大连茶文化繁荣、茶产业经济发展带来了生机活力。学校创办之初，严格以国家茶艺师职业标准、教程、资格等级规范化、标准化、系统化教学，以茶艺职业服务为导向、茶艺职业技能为核心，建立了融"研究、培育、展示、交流、融合、实践、创新、发展"为一体的教学体系和诚信服务标准。坚持不跟风，不搞所谓的"速成班"，育人就业创业，传承茶文化。

市人社局在答复政协提案时表示："大连古文化茶艺职业培训学校的创立，结束了大连市有茶艺师职种无认证培训的历史。"《中华工商时报》专题报道："大连古文化茶艺职业培训学校，不仅让外国朋友学会利用茶叶来保持身心健康，还教会他们如何去欣赏中国茶之精髓，学员们抱着不同的目的来学习茶文化知识，并走上了创业就业之路。"在2011—2019年大连达沃斯论坛期间，贝宁总统、摩尔多瓦副总理、尼泊尔外交部长等国际友人在外办等部门陪同下前来考察、交流、体验中国茶文化，进一步提升了大连茶文化的国际影响力。

在教学中，我们注重以茶文化为媒介，不断挖掘茶文化底蕴，传承中国茶道精神，强调"廉、美、和、敬"的人文精神，在提高学员茶艺技能的同时，保证其人文素养得以同步提升。

我们采取"请进来，走出去"、职业培训面向国际的方式，不断开展国际茶文化交流与培训。2007年至今，学校多次为国际友人举办各种形式的茶文化培训班，向国际友人介绍中国茶文化的悠久历史。在市、区政协和有关部门支持下，学校主办"2010首届中国·大连国际茶文化交流会"，邀请罗马尼亚、文莱、贝宁、孟加拉、马达加斯加等六国驻华大使来大连出席交流会，为中华茶文化从大连传播到世界奠定了基础。

为了让学员了解不同国家的茶文化，我多次带队前往产茶大国斯里兰卡，进行中斯茶文化交流与展示，学员们开阔了视野，增加了实践机会。截至目前，大连古文化茶艺职业培训学校培养的茶艺师有4200多人，他们当中许多人走上了传播茶文化的就业创业之路。部分茶艺师还在大连的大、中、小学校承担茶艺课教学工作，负责把茶文化融入到学生社会实践教育等各环节。

教学研究助推了茶文化传播。我们针对古籍记载茶的药用、食

用、饮用等价值功效，潜心研究、总结，形成独特的"健康教学理念——六字饮茶经验"，为茶艺师职业培训提供了理论实践指导。我们撰写的论文《中华茶文化的对外传播与实践》入选《法门寺博物馆论丛——暨第四届茶与丝绸之路高峰论坛论文集》并出版，吸引了国内外各界人士前来大连考察交流学习。辽宁大连茶文化的传播赢得产茶地认可，2019 年湖北省中共咸宁市委外事工作委员会写来了感谢信；《茶博览》杂志专题报道《借力"一带一路"打造中国国际性茶文化集散地 访大连古文化茶艺职业培训学校校长李莉》。

学校茶艺师的大量培养、茶文化的深入研究、科学饮茶理念的普及，扩大了茶文化的普及率和影响力，吸引了国内外各界人士前来考察交流学习。为日韩留学生及其他驻大连国际友人宣讲中国茶和茶文化发展史，60 余国驻华使节写来了感谢信。

2020 年 5 月 21 日是联合国确定的首个"国际茶日"。由大连市茶文化研究会主办、大连古文化茶艺职业培训学校承办的"茶文化传播与实践专题报告会"和"中华茶文化推广研讨会"在大连成功举行。会议中，专家们围绕中华茶文化的社会功能作用、茶艺师技能人才培训以及推动茶文化茶产业健康发展等主题进行研讨交流。

虽然大连不是茶叶种植地，但我们愿意在这座海滨城市搭建起一条茶文化的传播之路，为推动茶文化、茶产业、茶科技融合发展，为更多人了解中国的茶文化贡献一己之力。

（作者系大连市政协委员、大连古文化茶艺职业培训学校校长）

不疾不徐等你来

陈亚娜

提到辽宁的城市，你会首先想到哪个？可能是省会沈阳，可能是美丽的海滨城市大连、葫芦岛，没有多少人想得起锦州。然而，锦州这座美丽而极富人情味的城市其实可以被更多人看到。

锦州又名锦绣之州，位于辽西走廊东端、渤海之滨，是辽宁省的地级市之一，是国务院批复确定的中国辽宁省西部地区的中心城市，也是辽宁省重要的工业港口，城市总面积 10301 平方千米，户籍人口 294.96 万人。

在锦州，有一样一定不能错过的活动——逛早市。新鲜的空气，热乎的早餐，在弥漫的市井风情里，感受着这个城市的苏醒，顿时元气满满啊！这时就一定要提到锦州规模、人流量和名气最大的早市——石桥子早市。夏天的时候，凌晨四五点开始便有出摊的摊主和逛早市的人了，人流直到上午九十点都不见少。锦州的早市不仅仅是个专门清晨做买卖的市场，它已经成为锦州市民的晨间休闲之地，是外地游客宁愿早起也要打卡的地方。锦州的早市文化，包含着的是满满的人情味和人间烟火气息。

说完早市自然少不了说夜市。锦州实际上算是有两个夜市，凌河夜市和古塔夜市，分属两个城区，中间隔着条中央大街，但是并没有多少人会刻意地将二者分开。毕竟随便一逛，就从这头溜达到了那头。当夜色开始泛起，熙攘的人群将中央大街淹没，两个夜市彻底合二为一。

说起锦州的烧烤，可真的是把这种最原始的烹调方法发挥到了极致。无所不烤，肉类、海鲜、蔬菜、面食……不胜枚举。但只是吃顿烧烤，完全满足不了锦州人的胃口。进入夏天，一家人或者一群好友就要琢磨着去海边烧烤了。带着帐篷、烧烤的食材，有时连烧烤的海鲜都是海边自己垂钓、捕捞。在海边吃烧烤，就是一种休闲，间歇去海里游游泳，嬉戏打闹，玩累了继续烧烤。喝着啤酒吃着肉串躺在沙滩上，享受一下轻松慢生活。海风带过烧烤的味道，就着带有亲情友情温馨味道的烤串，人们享受着一个个快乐的日子。

2021 年立冬以来，辽宁普降暴雪，锦州遭遇了多年罕见的特大暴雪，突破了有气象记录以来的历史极值。整个锦城笼罩在茫茫白雪之下，真的是山舞银蛇，原驰蜡象，城市一宿变“雪乡”。南方的小伙伴不由被大东北的冬天惊到了！暴雪给城市交通带来了严重的

白沙湾海滨浴场

55

影响，城区道路车辆受阻，市民只能步行上班，城市街巷显得一下冷清了很多。"啥时能恢复正常"是很多人内心共同的期盼之声。经过锦城各部门通力协作，在短短两天内，城市就恢复了往昔的样子。伴随交通恢复，街头重现车水马龙，烟火气又回来了！

　　锦州是座养人的城。他并不是很大，但"人气"很浓。在这里，即便你只是暂时停留的旅客，也能顺利地融入锦州人的生活中。早起散步时逛逛早市，晚上溜达时逛逛夜市，白天感受这儿的山清水秀，夜色降临后，吹着晚风，望着云飞大桥的灯光，顺便再来顿小烧烤。又或者，在下午带着小孩子踩在海边露出的石头上和沙滩上玩闹，比一比谁抓的小寄居蟹更多。当双足浸入在阳光下泛着银光的绿色的海中，抬头就能看到海鸥掠过，这就是锦州的惬意。或许他只是很小的地方，也并没有特别多的几 A 级景区标识作为吸引旅客的宣传点，但只要你来过这儿，就一定会感叹在这里生活的舒适。

　　关于锦州的故事就讲到这里，剩下的还需你亲自来探寻，不过不必匆忙，锦州永远在那里，按照他的专属节奏，不疾不徐地等着你！

　　（作者系锦州市太和区政协委员、锦州市太和区审计局副局长）

昔日"前杜" 今日"钱垛"

周勇秀

　　40多年前，辽阳县刘二堡镇前杜村是远近闻名的"穷村"，在十年九涝的"南大洋"上，前杜人过着一眼望不到头的穷日子，"骒马高吊车晒轴，老头伤心小伙愁，一日三餐喝不上粥，大姑娘含着眼泪往外流"，这句顺口溜是当时前杜村的真实写照。40多年后，前杜村发生了翻天覆地的变化。"草莓小镇车如流，百姓家家住高楼，坐在家里数钞票，前杜人民就是牛。"村民新编的顺口溜透着前杜人"牛气冲天"的幸福劲儿。

　　如今的前杜村，家家住高楼，户户有存款，人人有工作，是无留守老人、无留守妇女、无留守儿童的三无村，孩子们从幼儿园到大学都不用交一分钱学费，物业费、电费、取暖费全免，村民享受住院报销待遇，60 岁以上的老人每人每月享有 800 元养老金，前杜村也被称为"钱垛村"。

　　前杜实业集团董事长、前杜村原党支部书记王绍永，他用工业积累反哺农业，先后投入资金 3 亿元进行村容村貌建设，打造美丽乡村。网红桥、游乐场、水上乐园、玻璃栈道、小吃街、古玩市场、民宿、蒙古包等旅游配套设施陆续开门迎客。广场西侧建有幸福湖、福寿山、猴山、百鸟园、儿童乐园、星空隧道、高空索道、湿地与花卉。人们跨过"金水桥"，来到占地 1 万平方米的休闲广场，特色草莓小镇标志性建筑草莓雕塑高高矗立，各种健康游乐设施将科普与趣玩融为一体，仿古亭廊与水系相邻，民间小吃琳琅满目，绿色蔬菜应季而生，夜幕降临声光聚集，令游人流连忘返。2021 年元宵节接待游客达 5 万多人，营业收入近 30 万元。前杜村荣获了"中国

十大最美乡村"称号、"中国休闲美丽乡村"的殊荣，被誉为"农民的创业园、市民的体验园"。

等闲识得东风面，万紫千红总是春。前杜村正以新姿态投入新奋斗，以新步伐踏上新征程，不断取得乡村振兴新胜利。

（作者系辽阳市辽阳县政协委员、辽阳市辽阳县职业中专教师）

美丽乡村入画来

许华勇

盘锦市通过开展全域美丽乡村建设，农村环境取得了翻天覆地的变化，人居环境质量实现极大改善和提升，农村群众精神面貌发生巨大变化，生态文明生活得到极大丰富，农村基础设施、服务设施建设取得长足进展，乡村特色产业蓬勃兴起，农村经济实现了全面可持续发展。

改善环境，乡村生活更宜居。通过一批小型污水处理设施建设，一部分村屯已经实现了雨污分流，用上了跟城市居民一样的抽水马桶，提高了村民的生活质量。在农村各休闲广场、重要路口、村道沿线安装路灯，实现村屯100%亮化，农民出行走"泥泞路、摸黑路"的场景一去不复返；24小时供水、燃气入户、壁挂炉取暖、"厕所革命"，农村日常生活发生了翻天覆地的变化；实施村屯、沟渠、河流水库及"大树进村、果树进院"等八大类绿化工程，一大批村屯呈现出"村在画中，人在景中"的美丽景象，省和国家级典型村不断涌现。

大洼区王家街道石庙子村先后荣获"全国文明村""中国最美乡村""中国美丽休闲乡村"等荣誉称号。走进石庙子村，沉甸甸的稻穗随风左右摇摆，远处看，稻浪滚滚，稻香包裹着石庙子村第

60

一打卡点——稻田慢行系统。站在木质栈桥上，一望皆是稻海，闭上眼睛，放缓呼吸，唇齿间稻香四溢……笔直的村路、简洁的路灯、复古式民宿招牌，村子的特色被鲜明地勾勒在眼前。沿着村路走，月亮门、青石路、果树田畦，浓郁的民族特色布局，让人不禁脚步一顿。

6年前，作为盘锦市乡村环境整治的首批试点村，大洼区田家街道大堡子村尝到了好政策的"甜头"。不到一年光景，村容村貌就有了翻天覆地的变化。蜿蜒整洁的村路穿梭于碧绿如织的稻田中，将一栋栋精致的民宿连接成串，配上五颜六色的鲜花，风景如画，浑然天成。环境好了，城里人都争着来，节假日根本订不着饭店，水稻、水果、河蟹样样供不应求、全国"挂号"。

做旺产业，农民增收有保障。黄色的稻田、紫色的葡萄、粉色的火龙果、红色的碱地柿子……不同季节来到盘锦大洼区唐家镇北窑村，能见到不同的田间景致。村庄环境改善后，北窑村一鼓作气，实行"公司+合作社+客户+农户"的农旅融合发展模式，通过土地流转实现葡萄连片种植，建设葡萄观光采摘园，带动农户在房前屋

后种植葡萄，办起农家院。如今北窑的葡萄种植面积达 1000 亩，年产值达 1500 万元。随着北窑葡萄知名度不断提升，来采摘的人越来越多。

盘锦坚持美丽乡村建设与产业发展同步推进、深度开发。目前全市已有 10 个 3A 级旅游村，民宿及农家乐床位达 8600 张。

美丽升级，乡村振兴"盘锦模式"。盘锦美丽乡村建设取得丰硕成果，各方面工作一直走在全省、全国前列，美丽乡村建设经历了环境整治、全域美丽、特色乡村建设三个阶段。结合盘锦美丽乡村建设的现状，现阶段进一步提档升级，倾力打造美丽乡村升级版，将美丽乡村打造成为盘锦的一张亮丽名片。

盘锦依托美丽乡村建设的成果优势，在全国率先规划建设乡村振兴产业园，创新形成"产业园+博览会"模式，推动盘锦乡村振兴由建设优势向产业输出转变。农村无害化卫生厕所、小型污水处理设施、燃气装备、复混肥生产等特色产业规模逐步发展壮大，智慧农业、观光农业、乡村旅游、民宿产业等蓬勃发展，稻米、河蟹、果蔬、水产品等农产品精深加工持续做大做强，农村三次产业加快

融合，滩红苇绿的自然风光、稻香蟹肥的生态景观与庭前屋后的民宿生活相映成趣，农村群众获得感、幸福感、安全感普遍增强。

辽宁盘锦美丽乡村，一个可以满足你想象的最美的地方。

（作者系盘锦市政协委员、盘锦北方农业技术开发有限公司总经理）

从"老字号"到"辽宁唯一"

王延生

大连市新华书店是一家有着光荣革命传统和光辉历史的老字号书店。2021 年 7 月 29 日上午，在中宣部第五届中国出版政府奖表彰会上，大连市新华书店有限公司获先进出版单位奖，是全国唯一一家获此殊荣的市级新华书店，也是我省唯一一家上榜单位。辽宁省委宣传部部长刘慧晏获此消息后，表示"可喜可贺!"

大连市新华书店的前身，是成立于 1945 年 8 月 28 日的大连大众书店。1945 年 8 月，日本侵略者战败投降，大连地区解放。8 月 28 日，进步青年车升五出资创办了大众书店。11 月，在党组织的支持下，大众书店陆续接收"大阪屋号""日清印刷厂"和"鲇川洋行纸店"，成为大连最繁华的天津街上第一家中国商店。

受党组织委托，著名作家柳青 1946 年 2 月从解放区来到大连，担任大众书店总编辑和第一任党支部书记。4 月，柳青在大众书店主持出版了东北第一部《毛泽东选集》。

1947 年，大众书店委托往来于大连与陕北解放区的同志给毛主席送去一本刚刚出版的精装《毛泽东选集》、一本《全国分省地图》和一支派克钢笔。值得载入史册的是，毛主席收到礼物后亲笔写了回信，对书店的书、怀表、钢笔等礼物表示感谢。回信极大鼓舞了书店员工，成为历代大连新华人的宝贵精神财富。

1949 年 4 月 1 日，经中共中央东北局批准，大连地区党组织向全市公开，大连大众书店更名为大连东北书店。7 月 1 日，又更名为大连市新华书店。10 月，大连市新华书店并入新华书店东北总店，更名为新华书店东北总分店大连支店。

到新中国成立前，大连市新华书店出版进步书刊 500 余种、300 多万册，包括《毛泽东选集》《共产党宣言》《毛泽东自传》《中国共产党党章》《论党》等红色革命书刊，为毛泽东思想的传播及全国解放战争的胜利做出了独特贡献。2021 年 3 月，为庆祝中国共产党成立 100 周年，大连市公布了 100 个"红色地标"，大众书店遗址名列其中。

进入新时期以来，新华书店有限公司全体员工坚持把社会效益放在首位，积极推动国有文化企业社会效益与经济效益相统一，并取得了辉煌的成绩。仅最近 10 年来，公司就获得"全国文化体制改革先进单位""全国文明单位""全国新华书店系统先进集体""第

五届中国出版政府奖先进出版单位奖"等多项国家级荣誉。

　　坚守宣传文化主阵地，积极承担政治责任和文化使命，大连市新华书店每年开展 200 余场高品质文化活动，包括"主题出版物展销"、省市"全民读书节"、"公益文化讲堂"等，积极推进大连市文化品牌建设；持续开展"远离网游、走进书店、明德修身"中小学生假期道德实践活动、"我的书屋·我的梦"农村少年儿童阅读实践活动，促进青少年全面发展和健康成长；打造 700 个社区书屋、510 家袖珍式实体书店，推动书香大连建设，不断提升城市软实力；依托 840 个农家书屋、195 家农村连锁体验店，广泛动员农家书屋管理员、"三农"从业人员、乡村阅读志愿者、农民群众，开展业余读书活动，担当起乡村文化振兴重任。

　　在坚守主业、担当国有文化企业责任的同时，大连市新华书店还紧跟时代潮流，积极开启自身变革和创新之路，先后与中国石油大连销售公司、大连旅顺博物馆等文化场所、农家（社区）书屋合作，联合建设袖珍式实体书店和农村连锁体验店，实现发行网点建设与读者群体"零距离",在"公司里""家门口",使网点覆盖面不断扩大;在新冠肺炎疫情常态化防控下,通过网店、小程序、微信读书群等线上平台,提供线上下单、在线咨询等服务,购书"不打烊",服务"有温度",保障疫情期间读者的精神食粮更丰盈;以"用户思维""场景思维"重新定义书店价值,开启新一轮"门市靓化"提升工程,打造城市文化会客厅,探索"书店+文创""书店+研学""书店+培训"等新型消费模式,寻求新的利润增长极,为读者提供更加丰富多元的阅读休闲体验。

(作者系大连市政协委员,大连文化产业集团有限公司党委书记、董事长)

"剪"出精彩人生

王文林

　　"七一"前夕，铁岭市银州区岭东街道文荟社区宽敞的阅览室里，聚满了街道、社区的领导以及老党员和居民，一场庆祝建党100周年"百年华诞，辉煌历程"剪纸展览开幕式在这里隆重举行。展览由经过精心装裱的 15 幅长 130 厘米、高 53 厘米的大幅剪纸和 5 幅党的五代领导人肖像剪纸组成。这些剪纸展现了红船精神、南昌起

义、井冈山会师、北上抗日、遵义会议、延安圣地、开国大典、祖国建设、改革开放、民族振兴、"不忘初心、牢记使命"主题教育等百年党史学习教育的重要内容。

这次大型剪纸展览是由 78 岁的原铁岭市政协委员、民进铁岭会员薄晓岐和他的伙伴花费两个多月的时间精心制作的。为了赶在"七一"前完成，他们起早贪黑，一刀一剪，剪刻出来的是党的辉煌历史，是可歌可泣的革命精神，是他们对党、对革命先烈无比崇敬的心情。薄晓岐不但刻制剪纸，还为每幅剪纸撰写解说词。

2021 年国庆节前，薄晓岐和他的两个伙伴又花费两个多月的时间剪刻完成了铜钟街道富强社区《奋斗百年路，启航新征程》党史剪纸展览。薄晓岐作为铁岭市教师进修学院退休的老教师，一年之内和伙伴们开办了两次大型剪纸展，令人敬佩。而更难能可贵的是，他为基层社区的文化建设发挥余热，默默奉献，已经坚持了 10 年之久。

2011 年，薄晓岐学会了剪纸艺术这项中华民族的非物质文化遗

产，从此这把剪刀在薄晓岐手中闪闪发光。10 年来，薄晓岐组织文荟社区剪纸协会会员举办了"迎十八大庆国庆""清风润党旗""同心共筑中国梦""抗日战争胜利 70 周年""喜迎十九大""庆改革开放 40 载""爱莲咏莲学莲做莲""党旗引领战疫情，风雨无阻向前进"等 18 次剪纸展览。展出剪纸作品近千幅，观众超万人次。

薄晓岐致力于传承剪纸艺术，积极活跃在学校、社区、机关、企业。他义务为小学剪纸活动小组、企业职工上剪纸课；为铁岭市残联剪纸培训班义务服务；参加市文联组织的送文化下乡活动，民进铁岭市委组织的送文化进社区、进乡村等活动，始终如一，乐此不疲。薄晓岐说："因为我是社会的一员，就要为社会服务。做一分为社会服务的事，内心就会多一分快乐，身心就会多一分健康，人生就会多一分精彩，更多人的精彩就能汇聚成中国梦的精彩。"

（作者系铁岭市政协委员、民进铁岭市委主委）

蓝盾巾帼

付琳娜

谈到社会治理，我们首先想到的就是"枫桥经验"，毛泽东同志称之为"矛盾不上交，就地解决"。

亲子沟通起冲突，议事平台志愿帮；遭遇家暴家难归，蓝盾巾帼共维权；寒门学子遇困境，圆梦助学送温情；夫妻矛盾起冲突，调解小组化干戈；警官来到议事会，宣传交法安全行；用工受伤起

争议，多方联动获赔偿；修路农户有烦恼，关爱疏导解心结……这是朝阳市公安局、市妇联委为推动平安朝阳建设和市域社会治理现代化联合开展的行动——"蓝盾巾帼共创平安"，唱响了新时代的"枫桥经验"。

2021年9月末的一天，龙城区妇联来了一位右眼球充血、眼眶青紫、鼻子红肿、外伤明显的女士。该女士长期受到丈夫打骂，虽然已经向法院起诉离婚，但是她十分恐惧，不敢继续在家居住，身边没有亲人，故向妇联求助。区妇联工作人员先为李女士进行了心理疏导，并协调市妇联将她送到避救站居住。次日，区妇联、基层派出所及相关部门组成调解小组，给李女士丈夫出具"家庭暴力告诫书"，在调节小组监督下，承诺绝不骚扰李女士。蓝盾巾帼联合织就了预防和制止家庭暴力的安全网，维护了妇女的合法权益。

"每天1元钱，终生有保障，最高补偿300万。"朝阳北票彩凤沟村村民王女士在玩手机游戏时，页面突然弹出的消息让她很是心动，于是按照对方的提示提供了手机号、身份证号等个人信息，为自己购买了"保险"。经过一番操作，她发现扣的钱不仅与描述的不一致，对方还不断发消息提醒尽快补充余额。王女士猛然意识到自己被骗，手足无措下拨打了12338妇女维权热线，妇联工作人员向派出所民警进行咨询后，与王女士一起拨打手机显示的客服电话，向客服转述咨询民警的结果及坚决退保的意愿，软硬兼施下客服同意为王女士办理退款业务。妇联和民警的帮忙，让王女士及时止损，同时他们也对王女士进行了反诈宣传教育，成为守护群众财产安全的"金钟罩"。

"我家楼顶快都成了动物园了，每天鸡飞狗跳不说，臭味熏得我吃不下去饭，实在受不了了，妇联干部快帮帮忙，解决一下吧！"居民张女士通过"3+1"妇女议事微平台向双塔区通达社区妇联诉苦。

经调查，得知有人在和平街某小区楼顶的阁楼平台上盖上棚子，饲养了鸡、鸭、鹅、狗等多种家禽家畜，给附近居民生活带来困扰，居民多次与阁楼主人沟通未果。因阁楼主人态度强硬，社区妇联联系辖区民警徐警官共同调解，经过多次面对面沟通，阁楼主人认识到自己的错误，同意将饲养动物搬走，拆除违建。楼顶的"动物园"终于搬迁了，居民拍手称赞，蓝盾巾帼携手解难题、办实事，更是得到居民的一致好评。

"蓝盾巾帼"充分利用公安机关警务平台、110报警系统、市县两级12338妇女维权热线和"3+1"妇女议事微平台，及时发现矛盾纠纷线索和隐患，使预测矛盾走在预防前，预防矛盾走在调解前，调解矛盾走在激化前。截至目前，已联合调解婚姻家庭矛盾纠纷280起，调解成功268起，成功率95.7%。

现在，全市已有135个乡（镇）街派出所调解室、1311个村（社区）警务室与基层妇联实现工作对接，532名公安干警融入"3+1"妇女议事微平台，2884名基层妇联干部和1813名志愿者充实到公安派出所调解室和村（社区）警务调解室，组建专业化志愿服务队伍90支，开展线上、线下宣传教育185场（次），帮助困难家庭103户，送去物资6.5万元，为36名新入学贫困家庭大学生解决学杂费28万元。

如今，"蓝盾巾帼"继续携手前进，以法律咨询服务、婚姻家庭纠纷调解、妇女儿童维权服务、心理疏导、关爱帮扶、生活救助等为内容，通过组织联建、矛盾联调、工作联动、关爱联手，达成"1+1>2"的工作成效，共同打造新时期"枫桥经验"朝阳版。

（作者系朝阳市政协委员、朝阳市妇联办公室副主任）

"北上"的丹东记忆

王　琳

辽宁丹东是中国最大最美的边境城市，是一个经历过战火洗礼的"英雄城市"。今天，让我们共同徜徉在美丽的鸭绿江畔，开启一次"民主人士经丹北上"参加新政协会议、迎接新中国诞生的弥足珍贵之旅。

1948年4月30日，中共中央发布"五一口号"，得到各民主党派和海内外爱国民主力量的一致响应。中共中央决定邀请民主人士参加新政治协商会议。为完成好护送民主人士安全北上这一艰巨的任务，中共中央成立了由潘汉年、连贯、夏衍、饶彰风、许涤新组成的护送民主人士五人小组。从1948年9月开始，在中共中央统一部署和地下党组织的周密安排下，在香港和国统区的民主人士，置个人生死于不顾，为筹备新政协、共商建国大计，陆续从香港等地乘坐海陆交通工具分批北上，最终安全到达东北、华北解放区。

应中共中央邀请，第二批民主人士郭沫若（无党派民主人士）、马叙伦（时任民进中央常务理事，后任民进中央主席）、陈其尤（中国致公党中央主席）、丘哲（农工党中央执监会秘书长）、冯裕芳（民盟港九支部主任委员）、侯外庐、许宝驹、沈志远、翦伯赞、沙千里、宦乡、曹孟居、许广平、周海婴（鲁迅、许广平之子）等，

民主人士"北上"合影　周令飞提供

在中共香港工委副书记连贯的陪同下，乘坐悬挂挪威国旗的"华中号"货轮，从香港秘密出发，北上解放区参加新政协的筹备工作。

1948年12月1日清晨，"华中号"驶近大连。由于大连港当时处于苏联军事管辖区域，不准外国货船进港卸货。"华中号"只好掉头向东，驶往安东港（今丹东）登陆，抵达大东沟抛锚靠岸。12月4日早，东北行政委员会代表、安东省副主席、安东市市长吕其恩，用港口小型客船将民主人士接到浪头港上岸，并在岸边合影留念。

民主人士抵达安东后，安东省政府副主席刘澜波亲自迎接并将民主人士安排在安东旅馆，下午游览了市区，到鸭绿江大桥进行了参观。12月5日，前往五龙背温泉休息。郭沫若特作诗两首，《北上纪行》："翼翼五龙背，溶溶涌沸泉；伤痍愈战士，憔悴润莲田；树待春光发，人期凯唱旋；我今真解放，尘垢脱如蝉。"《七绝·畅浴》："烟囱林立望安东，畅浴温泉跨五龙。东北人民新血汗，化将地狱作天宫。"随后，刘澜波陪同民主人士乘坐火车于12月6日到达沈阳南站（今沈阳站），受到中共中央代表热烈欢迎。其间，民主人士先后参观了沈阳机车车辆厂、第一机床厂和沈阳市郊、农村，抚顺龙凤、老虎台、露天矿及鞍钢等地，亲眼见到了安东省一片欣欣向荣的景象。

1949年2月23日，全体民主人士从沈阳南站乘火车出发前往北平，周恩来等中共中央领导人到前门火车站迎接了民主人士。

1949年9月21日至30日，中国人民政治协商会议第一次全体会议在北平中南海怀仁堂隆重开幕。这是中国历史上空前团结的一次盛会，各民主党派以主人翁姿态欢欣鼓舞共商国是。1949年10月1日，民主人士应邀登上天安门城楼，与全国人民共同见证了新中国的成立！

2021年是中国共产党成立100周年，中共中央开展党史学习教育，重温这段历史，对我们进一步理解中国共产党领导的多党合作和政治协商制度具有重要意义。

（作者系辽宁省政协委员、丹东市政协副主席、致公党丹东市委会主委）

这场档案展览不寻常

杨宗民

　　"雄赳赳，气昂昂，跨过鸭绿江。保和平，卫祖国，就是保家乡……"1950 年 6 月 25 日，朝鲜战争爆发。10 月 8 日，中共中央做出"抗美援朝，保家卫国"的决策。19 日，中国人民志愿军奉命开赴朝鲜战场，同朝鲜人民并肩作战，反击侵略，保卫和平。从此，开始了中国人民伟大的抗美援朝战争。

电影《长津湖》将抗美援朝战争中一段尘封已久的历史——长津湖战役搬上银幕。影片讲述了一个志愿军连队在极端严酷环境下坚守阵地奋勇杀敌，为长津湖战役胜利做出重要贡献的感人故事。

在战场上，我们的战士宁死不屈、英勇顽强。但作战双方的装备对比却是"敌有我无，敌多我少，敌好我差"，火力差距悬殊，敌方有数量巨大的坦克飞机大炮，并牢牢掌握制空权，我军装备资源则相对匮乏，往往受制于人，关键时刻只能依靠我们志愿军战士的坚强意志和血肉之躯。

1951年6月1日，中国人民抗美援朝总会向全国人民发出号召：推行爱国公约、捐献飞机大炮和优待烈属军属。其中，建议全国各界爱国同胞开展增加生产、增加收入的运动，购置飞机大炮等武器，捐献给志愿军和解放军。

当时，在"抗美援朝，保家卫国"的号召鼓舞下，中共营口市委、营口市人民政府领导全市人民，开展了轰轰烈烈的支援抗美援朝运动，掀起参军、参战、支援前线的热潮，并圆满地完成接收和抚育朝鲜战争孤儿的任务。

营口政协文史馆一楼展厅展出的珍贵

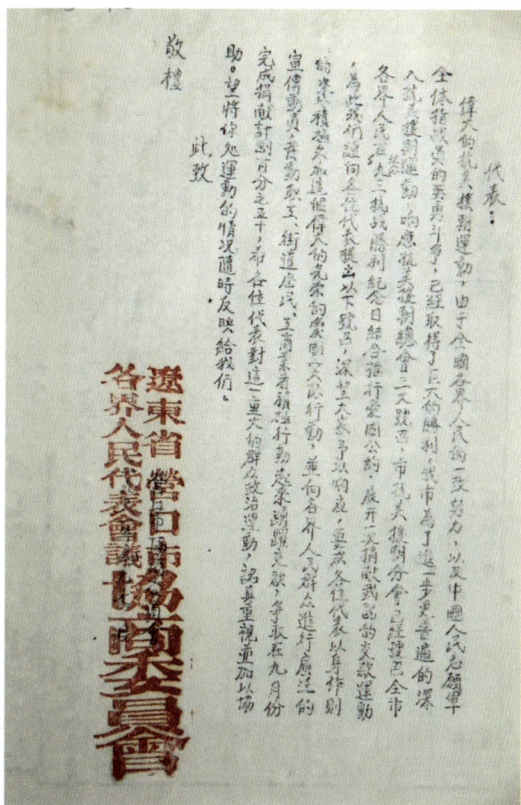

档案照片，揭开了70年前营口市政协号召各界代表发动群众捐献武器支援抗美援朝的尘封往事。

1951年9月7日，辽东省营口市各界人民代表会议协商委员会（1955年6月成立的中国人民政治协商会议辽宁省营口市委员会前身）发出通知，组织各界代表广泛宣传发动群众积极参加为抗美援朝捐献武器运动。

代表：

伟大的抗美援朝运动，由于全国各界人民的一致努力，以及中国人民志愿军全体指战员的英勇斗争，已经取得了巨大的胜利。我市为了进一步更普遍地深入抗美援朝运动，响应抗美援朝总会三大号召，市抗美援朝分会已经号召全市各界人民在纪念九三抗战胜利纪念日结合推行爱国公约，展开一次捐献武器的交款运动，为此我们谨向各位代表提出以下号召，深望大家予以响应，要求各位代表以身作则地来积极参加这个伟大的光荣的爱国实际行动，并向各界人民群众进行广泛的宣传动员，发动职工、街道居民、工商业者积极行动起来踊跃交款，争取在九月份完成捐献计划百分之五十，希各位代表对这一重大的群众政治运动，认真重视并加以协助。望将你处运动的情况随时反映给我们。

此致

敬礼

辽东省营口市各界人民代表会议协商委员会

一九五一年九月七日

除了这张珍贵的档案照片，在营口市政协留存的文史资料中，还有这样的记载：

　　1951年6月1日，全国抗美援朝总会发出捐献武器运动的号召后，营口市工商界便表示出极大的积极性。在1951年6月16日营口市抗美援朝分会的委员扩大会议上，工商界代表就提出要捐献战斗机一架——"营口工商联号"。1951年7月4日，成立了"营口市工商业界捐献运动委员会"。……到1951年9月4日统计，工商界就已捐款21209万元（旧币，下同），而当时全市捐款数只是29721万元。到1951年12月底，全市各界人民经过半年的努力，通过增加生产、增加收入等办法共捐款386366万元，能买两架战斗机和一门高射炮还有余。其中，工商界共捐献255530万元，约占全市捐款总数的66%，大大超过了计划，受到了省、市两级政府的多次表奖。

发黄的照片、翔实的史料，重现了 70 年前营口市政协发动广大人民群众积极为抗美援朝战争捐款捐物的感人场景，凸显了营口市各行业各界别为抗美援朝战争最终胜利做出的重要贡献。

穿越历史尘烟，我们每一位参观者都能够真切感受到 70 年前那场悲壮惨烈的立国之战背后，营口人民浓郁真挚的家国情怀。

(作者系营口市政协委员、营口市政协文史资料委员会主任)

打通乡村治理"血脉经络"

杨晓刚

在第二批全国乡村治理示范村镇创建工作中，东港市十字街镇成为丹东市唯一上榜乡镇。

推行网格化管理、打造治理骨干队伍、推进"共产党员先锋工程"……十字街镇党委、政府按照"党建引领、机制创新、镇村主体、

十字街镇廉政标语宣传栏

83

先行先试"的思路，用三张"方子"打通乡村治理的"血脉经络"。

第一张方："神经末梢"要覆盖到位

过去，支部建在村组上；现在，支部建在"合作社""家庭农场"等新型社会组织上。目前，全镇实现了党组织的"全覆盖"，共建立了基层党组织 56 个，设立了 107 名网格长和 350 名网格员。接下来的关键，就是领头雁怎么飞：村党组织书记和村民委员会主任、村集体经济组织负责人"一肩挑"，村"两委"及村集体经济组织成员要交叉任职，通过推进"三向培养"工作进度，建立完善村级后备干部人才库；为农民党员"亮身份"，全镇 700 家党员户统一悬挂标牌，自觉接受群众监督；为农民党员"设岗定责评星定级"，760 名党员按照能力素质、自身愿望等选择合适岗位，并按照"五带头"基本要求对其进行评星定级。通过构建起的战斗堡垒，党组织的组织力提升了，党员的积极性也被调动起来，处理事务更有

向群众提供法律咨询

头绪了。

第二张方："三治体系"要强筋健骨

开展"活力倍增"行动、"法治护航"行动、"德润万家"活动，结合文明村镇、文明家庭、星级文明户、五好家庭创建，十字街镇的"三治"体系不断完善。

先摸清自己的底儿，全镇 13 个村结合各村实际情况，探索村民治理的奖惩机制。再问好村务的诊，及时了解村民的各类诉求，对其反映的重难点问题及村级重大事项分门别类。通过建立村级民主协商议事联席会议制度，开展常态化议事协商活动，及时梳理解决村民关注的问题。再通好大家的气儿，通过村级事务阳光工程，实现村级事务公开清单全部上墙，实时更新、一目了然；建立"镇、村、组"三级法治宣传阵地、村级"村民评理说事点"和"1+13"新时代文明实践站（所），并成立宣讲队伍，在自治、法治、德治的

执法人员整治占道经营，普及法律知识

综合实践中弘扬道德新风……

第三张方："中枢神经"要兴奋起来

在十字街镇宏天村和赤榆村，有这样一个村民办事不用东奔西跑、只走一处的地方，那就是集村民服务中心、党员教育管理中心、综治调解中心、新时代文明实践中心、产业发展和特色农产品体验展示中心等功能为一体的"党群服务综合体"。村民有啥事，都可以到这儿来反映。"中枢神经"处理事儿也十分给力，可以快速响应、迅速完成村民的需求。它还把触角向基层延伸，建立了"镇服务中心、村服务站、组服务点"三级网络服务体系，使更具体的事务在网点"疏通"。

跟上现代化的步伐，村镇也有智慧平台。在"智慧十字街·数字乡村"平台中，除了建立村干部队伍管理及考核子系统，还建立设岗定责评星定级子系统、村务决策管理子系统，形成了更加科学化、规范化、民主化的乡村决策体系，为基层民主与法制建设提供载体……

三方合一，十字街镇的乡村治理工作稳步推进，越来越好。他们还将目光瞄向了"新鲜血液"——开展人才"归巢行动"，在全镇的每个村都选聘一名优秀大学生任职，力求"新血液"的知识和视野为乡村振兴注入新活力！

（作者系丹东市政协委员、东港市司法局局长）

百年建筑展芳华

范正凯

　　如果没有营口市政协委员、市河南商会会长支现立的提案，位于站前区中兴里的两幢百年老建筑——卍字会旧址和东商会旧址也许将永久消失在城市开发的进程之中。

　　百年港城营口，是东北最早的开埠城市，历史上的营口曾被誉为"奉省第一门户""关外小上海"。九衢三市，颇有"夜市千灯照碧云，高楼红袖客纷纷"之感。而中兴里一带位于今天辽河广场周边，这里是这座城市的核心地带，也是营口近代历史建筑的聚集区。其中，卍字会旧址是中国传统社会救助事业及晚清以来义赈的救助理念和方式的见证；东商会旧址曾为瀛华学院使用，该学校是辽宁大学和东北财经大学的前身。这两座老建筑折射出的是营口丰厚的历史文化底蕴。

　　然而，随着城市日新月异的发展，这两座老建筑慢慢地淡出了人们的视野，隐匿在繁华的城市街头。伴随而来的，就是年久失修、破败和萧条。百年的老建筑，历经风雨，重新保护利用这些中国近代史的亲历者，不仅能够让历史得以被记录，也能让这座城市的文化被继承和发展。这也恰恰成为营口政协人要思考的问题。

　　"如何保护利用这两座老建筑，让其长期存活、物尽其用？"

"建设一座既有营口地方特色，又与其他博物馆有所区别的营口政协文史馆，既能留存城市记忆，又能推进政协工作。"经过广泛调研，支现立委员撰写了《关于保护利用老建筑，建设政协文史馆的建议》。

2019 年，营口市政协紧锣密鼓地启动创办文史馆的工作。"要妥善处理好保护和发展的关系，注重延续城市历史文脉，像对待'老人'一样尊重和善待城市中的老建筑，保留城市历史文化记忆，让人们记得住历史、记得住乡愁，坚定文化自信，增强家国情怀。"习近平总书记的重要讲话，让营口市政协保护利用老建筑的信心和底气更足，对政协文史馆的功能定位更加明晰。在市委、市政府的大力支持下，修缮一新的卍字会旧址被赋予了新的使命，成为集征集、收藏、展示、研究、交流等功能于一体的营口政协文史馆，于 2021 年 3 月 3 日正式开馆。历经百年风雨的东商会旧址，也以崭新姿态呈现在世人面前。这两座凝聚政协智慧、彰显政协情怀的百年老建筑，为营口市政协实现资政建言和凝聚共识双向发力拓展了新

空间，也为营口城市文化建设和爱国主义教育增添了新亮点。

百年建筑再展芳华，既延续了两座老建筑的"生命"，丰厚了城市文化底蕴，又充分展现了中国共产党领导的多党合作和政治协商制度及实践成果，更好地发挥了"存史、资政、团结、育人"的重要作用。

正如支现立委员在提案中说的那样——这是为营口市民留下的一笔宝贵的历史文化财富。

（作者系营口市政协委员、营口市政协副秘书长）

城市环卫 T 台秀

蒋爱国

请世界知名公司设计品牌形象，让一线环卫工穿上时尚的工服在舞台展示才艺……这几年，接连在环卫行业"搞事情"的陈黎媛，改变了大众对环卫工人的传统印象。年轻化、技术化、装备化、信息化、职业化的新气象，吸引了一批"80后""90后"加入到环卫行业队伍中。

陈黎媛有一个梦想，那就是提升环卫工人的形象和社会地位，让一线的城市美容师变成大街小巷的亮丽风景。她率先在行业发起"新时代　新形象　中国环卫产业升级之路"活动。在"2019中国城市环境卫生协会年会暨中国环境卫生国际博览会"上，25名一线环卫人通过快闪走秀和合唱《我和我的祖国》的创新形式亮相舞台，展示了中环洁春秋装、夏装、冬装、雨衣、马甲五种全新的环卫工装。他们自信从容，时尚感十足，让与会者眼前一亮。

有亮眼之美，也有科技之专。2018年，陈黎媛团队将智慧环卫由可视化升级为精准可控，建立了业内最早的环卫作业全流程数据体系。通过扎实的运营数据、有效的管理模型与领先的技术，建立完备的项目评估及决策支撑体系，实现了智慧环卫由可视阶段向运营管理阶段的跨越式发展。

　　还有人情之暖。2020 年 3 月，一场在环卫行业发起的"守护环卫人"捐赠活动，得到了住建部城市建设司的大力支持。活动旨在为疫情期间坚守在岗位的环卫人筹集防护物资。这是第一个从社会层面关注和守护环卫工人的公益项目，引起了中国城市环境卫生协会及社会组织的共同行动。活动的牵头人正是陈黎媛。

　　说起发起活动的缘由，陈黎媛眼含热泪："新冠肺炎疫情初期，防护物资极度短缺，环卫作业面临一罩难求的困境。"为保障一线环卫工作者的防护，她着手解决防护物资问题，集中采购及调配口罩80 余万只、手套 20 余万只及若干防护服，并制定升级了三版《新冠疫情作业指导规范》指导一线环卫工人安全作业。"我们还特别加强了防疫专业知识培训和员工心理疏导，实现了 25000 余名员工的零感染。"

　　不仅守护自家环卫工人的安全，还心系奋斗在一线的全国环卫同胞。仅仅 2 个多月，就筹集了价值 125 万元的手套、消毒液、防护服、护目镜等防护物资送至湖北为主的 53 个地方环卫协会、城市管理局。她还联系了 16 个省、市的 50 多家涉及环卫工作的企事业单位、环卫主管部门和慈善机构，累计捐赠防疫物资、环卫车辆及防疫资金 300 万元……

从事环卫行业以来，陈黎媛最深的感触是一定要有社会责任感。"环卫行业牵系到千家万户，但环卫这个群体却得不到应有的尊重。"陈黎媛说，"我希望通过我们精益求精的工作，赢得社会的尊重和市民的感激！也希望尽我所能，让大家重新认识环卫行业——亮眼之美、科技之专、人情之暖。"

（作者系大连市政协委员、大连市政协人资环委员会副主任）

"珍珠贡米" 产地在这里！

姜　帅

　　小米学名"粟"，又称"谷子"，位居中国"五谷"之首，是中国古代最重要的粮食作物之一。"锄禾日当午，汗滴禾下土"描绘的就是粟作的艰辛。

　　辽宁省朝阳市地处北纬41°，居于北温带大陆性季风气候区，尽管东南部受海洋暖湿气流影响，但由于北部蒙古高原的干燥冷空气经常侵入，形成了半干燥半湿润易干燥地区，四季分明，雨热同季，日照充足，日温差较大，降水偏少。而这样的气候也就成了谷物黄金种植区，小米、杂粮这些耐寒食物成为了朝阳的特产，其中朝阳小米最具盛名。在这里考古工作者还发现了5000多年前的窖藏炭化谷物，也就有了"千年谷地·一脉香传"之美誉。

　　朝阳不但种植谷物的历史十分悠久，而且种植谷物的种类也很多，俗称"粟有五彩"。在《朝阳县志》里，有这样的记载："粟，有青、赤、黄、白、黑数色。今本地所种者，色黄赤者，其种出山东河南；白者，种出北地；黑者为辽东种。俗称白者为'凉谷米'，红壳者为'红黏米'，青壳者为'黑米'。"朝阳小米种植历史悠久并不是偶然的，是和当地独特的自然条件分不开的。此外，朝阳地势西高东低，山地、丘陵、平原、小盆地等多种地貌在朝阳均有分

93

布，为朝阳谷子丰产奠定了基础。同时，谷子的适应性强，农民有句谚语"只有青山干死竹，未见地里旱死粟"，说明谷子既耐干旱、贫瘠，又不怕酸碱，特别适宜朝阳地区种植。

此外，县志还记载了朝阳小米也曾得到乾隆的赞誉。1783年中秋节过后不久，乾隆从盛京祭祖返回京城途中，路过朝阳，他特地率文武百官前往朝阳凤凰山祭拜龙祖。在祭拜途中，乾隆路过荒甸子一带时，有一个农夫跪在御道旁，捧着一瓦罐热气腾腾的小米饭。离着很远，乾隆就闻到了香味。乾隆当然不能随便就吃，于是命令身边的太监和宫女试吃。太监和宫女吃后都赞叹这小米饭"口感如肉""香味如茶"。祭拜之后，乾隆住在了朝阳佑顺寺，闲暇无事时，命令朝阳知县送来当地最好的小米。乾隆尝过之后，果然和太监、宫女说的一样，于是，龙心大悦，命名为"珍珠贡米"，还传下口谕，命朝阳知县每年要把小米进献到皇宫。从此，朝阳小米成为贡米。

中华人民共和国成立之初，朝阳小米被送到北京，犒劳全国各

地劳模。在第九届中国国际农产品交易会上，朝阳小米凭借历史和品质，浓郁的文化韵味、四溢的自然米香赢得农产品博览会金奖。

目前朝阳小米种植有83万亩，占辽宁省70%，东三省40%，是全国小米的主产区、发源地和集散地，可以说"东北小米看朝阳"。十几年来，朝阳进一步拓展了小米加工、销售等环节，建成杂粮精深加工园区和中国北方最大的小米交易市场，培育了全国最大的小米供货商和电商，壮大了"化石鸟""朱碌科""凌水园"等企业品牌。今天，朝阳小米再次得到国家相关部门的认可，成为国家地理标志保护产品。随着知名度越来越高，朝阳小米已成为当地农民致富增收的最重要的农作物之一。

如今，朝阳以打造粟文化品牌构建朝阳小米的价值版图，建设"小米王国"。结合朝阳小米米香浓郁的特征、传承千年的历史及丘陵缓坡的特殊生长环境，提炼了"千年谷地·一脉香传"的核心价值；并从生命、文明的视角切入，融合文化意味浓郁的"篆体""凤鸟"等元素，设计了朝阳小米的全新形象。通过弘扬粟文化，打造文化品牌，发展旅游、文创、商贸等衍生产业，延伸朝阳小米产业链、提升价值链、拓宽增收链，进而推动朝阳农业供给侧改革，提高朝阳农业高质量发展水平，助力产业兴旺、乡村振兴！

（作者系朝阳市龙城区政协委员、朝阳水竹电子商务有限公司总经理）

风吹稻花香辽阳

徐 敏

好吃的大米不仅需要良好的产地环境,更需要品质的不断提升。辽阳清水大米参与市场竞争的底气正是源于此。

2020年,辽阳市水稻种植面积68万亩,总产量40万吨,稻谷产业全产业链产值达到25.8亿元。为了真正实现水稻的"绿色生产"和"有机生产",辽阳市狠抓绿色食品水稻品质提升和集成技术推广工作,重点应用了统一大棚育苗、统一配方施肥、统一防治病虫害、统一集成管理等核心技术;以"减肥减药"为目标,增施

有机肥，引进太阳能杀虫灯，采用性诱捕器诱杀水稻二化螟，试验示范生物农药防治水稻病害技术，实现了水稻现代种植服务陆地自动化大棚统一旱育苗、水田机械化插秧、无人机空中防治病虫害的"海陆空"并驾齐驱架构，为水稻绿色生产和品质提升提供了有力保障。如今，仅太子河区绿色食品水稻认证面积已超过万亩，占全区水稻种植面积的 12.5%。

稻田里不仅能养蟹还能养虾。从 2018 年开始，辽阳太子河区沙岭镇推广稻田养殖小龙虾的试验获得成功。小龙虾对于农药非常敏感，相当于给稻米安装了"农药检测仪"，不使用任何农药，而是通过小龙虾的活动，达到除草、驱虫、松土、增肥的效果，实现了真正的绿色栽培。水稻为小龙虾供饵、遮阴、避害；小龙虾则通过采食和排泄，加入到水田的生态系统中，感病和发病的几率大大降低，体健貌端，极具市场竞争力。一时间，辽阳的"虾田米""稻田虾"都成了市场的抢手货。

在此基础上，作为新型业态，定制农业、功能农业等也在有条不紊地发展。目前，太子河区沙岭镇被辽宁省功能农业委员会命名

为"功能农业小镇"，在绿色生产的基础上，通过花期叶面喷施高活性生物纳米硒和纳米锌，生产出来的富硒香米经农业部相关测试中心检测，每千克稻米含硒量比国家标准提高8至9.4倍。

以农业为基础的"三产融合"是乡村振兴的关键。太子河区沙岭镇双台子村的"稻田画"在这方面是成功典范。这里的"稻田画"项目已经实施5个年头，面积达2万平方米，经过不断的创新，如今稻田画画面越来越丰富多彩，项目名气也越来越大。每逢节假日，各地游客络绎不绝，带动旅游产业发展，不仅为当地带来可观的经济效益，也为富硒富锌水稻做了活广告。许多游客当场求购清水大米、富硒大米，真正实现了农旅融合。

目前，辽阳市共有稻谷加工企业15家，年加工总产值约5亿元。2021年，在首届辽宁优质特色农产品品牌宣传推介活动大米专场评选中，辽阳4家绿色食品企业的大米脱颖而出，荣获"绿色辽宁十佳优质品牌大米"称号。

经过近10年的艰苦努力，辽阳稻米终于赢得了应有的市场地位。未来的路还很长，但我们坚信，在全产业链标准化生产的基础上，自强自立，不断创新，辽阳稻米这一响亮品牌一定会成为辽阳农业发展的新高地。

（作者系辽阳市政协委员、辽宁省经济作物研究所研究员）

锦州"小智"领跑全国

杜 磊

"小智小智，我的驾驶证到期了。"

"小智小智，我的驾驶证丢了，请帮我补办一个新的驾驶证。"

"小智小智，我应该怎么预约科目一理论考试?"……

这是最近锦州市民在街边的"智慧车管所"与智能服务机器人"小智"的对话。

如今，锦州市民有福气了，如果工作忙，工作时间不能脱身处理驾照那些事儿的，可以利用晚间或节假日等闲暇时间"一步到位"轻松办理驾照那些事儿了。

2021年11月12日，"小智"同学常驻锦州了。这是锦州市公安局交通警察支队为贯彻落实公安部公安交管"放管服"改革，聚焦为群众办实事解难题，加速提升车驾管办事便利化、服务优质化水平，积极开拓思路，在"最多跑一次"改革基础上，以无人化自助服务思维为导向，以交管大数据为核心，以交管服务便利为目标，打造的全省第一家24小时"智慧车管所"，为百姓提供"全天候不打烊"的"车驾管业务"智慧服务。

在"智慧车管所"，市民使用自助终端，许多原本需要到窗口排队办理的业务在几分钟内即可自助完成，形成了科技运用与传统窗口业务相结合，线上与线下相结合的交管业务特色办理方式。特别

是市民可任意时间自助办理驾驶人理论考试、驾驶证业务、驾驶人体检照相、机动车业务、交通违法处理、交管 12123 体验、社会公共服务共七大类 25 项"车驾管业务"，使群众办事更便捷、企业营商更便利，广大人民群众的获得感不断增强。

锦州公安交警 24 小时"智慧车管所"是全省第一个设备最齐全、功能最完善的"无人车管所"，配备了目前最先进的"AI 智能管理系统"，融合了 5G、大数据、物联网等多个科技手段。"小智"的最大优点是打破传统"车驾管业务"在时间上和地域上的限制，实现了"车驾管业务"由"固定窗口办""固定时间办"转变为"群众随时自助办"，确保为民办事的"加速度"。目前，"智慧车管所"在设施设备先进性、功能业务完善性、服务便民多样性等方面均在全国处于领先地位。

群众到"智慧车管所"办理业务时，通过身份证人脸识别、佩戴口罩提示、测量体温三合一比对合格后，电子门自动解锁，方可进入。大厅内安装了自动恒温系统，一年四季 24 小时保持恒温。同

时，还安装了智能烟感报警系统、监控系统，为群众提供舒适安全的办事环境。

由于"智慧车管所"是新鲜事物，为了便于群众尽快学会自主操作，"智慧车管所"在 8 小时工作时间内，导办台有导办人员为群众解答问题，8 小时以外，群众可以通过导办台中央的人工坐席连线，与值班民警视频通话，直观、详细地了解业务操作流程。此外，智慧引导屏、智能导办机器人"小智"等 AI 导办系统全天候 24 小时以图解、视频、语音对话等方式提供引导服务，真正实现车驾管业务"一次办、马上办"，全程一站式自助办理。

截至目前，"智慧车管所"已经为群众提供车驾管业务咨询服务 1 万余人次，办理相关车驾管业务 2037 笔，其中驾驶人体检照相业务 897 笔，驾驶证补换证业务 834 笔，违法处理等业务 277 笔，满分学习考试 21 人次，补领号牌和申领临时号牌业务 8 笔，缴纳车辆购置税业务 7 笔，得到了群众的广泛认可。

[作者系锦州市政协委员、渤海大学马克思主义学院（政法学院）副教授]

嘎拉哈里的欢乐

孙金瑛

20 世纪七八十年代，欻嘎拉哈在东北可谓是无人不知、无人不晓。它不挑场地，玩法多样，老少皆宜，成为东北人的最爱。随着现代文化生活的丰富多彩，嘎拉哈这项起源于满族的古老游艺方式逐渐淡出了人们的视野。

2014 年，为了找回乡味，铁岭满族文化促进会将沉寂几十年的嘎拉哈游艺活动进行抢救性发掘，并举办首届铁岭市满族嘎拉哈游

艺大赛。此次大赛历时两个月，在各县（市）、区进行预赛，有两万余人参与比赛，最终选出 1500 人参加总决赛。

一石激起千层浪。有了首次大赛的成功经验，我们从第二届比赛起，就将办赛理念调整为"延伸手臂，控制规模，形成影响"，采取"联谊+"模式，在活动参与对象上以铁岭市民为主，向国内满族社团延伸；在活动规模上控制在 500 人以内，举办中小型群众活动；在活动影响力上致力于打造铁岭满族文化新品牌。

2016 年，在第三届嘎拉哈游艺大赛期间，举办首届中国·铁岭满族嘎拉哈文化论坛，来自国内外的 30 余位满族文化专家参加论坛交流。2017 年，在第四届嘎拉哈游艺大赛期间，承办第八届全国满族联谊会长文化论坛，邀请 12 个省、自治区 32 个满族社团 120 余名满族同胞欢聚铁岭，切磋骹嘎拉哈技艺，研究和交流满族文化的传承，促进民族大团结和民族地区经济社会发展。同年 5 月，应北京市密云县太师屯镇太师庄村邀请，铁岭满族嘎拉哈辅导队前往京郊乡村进行指导和交流，将铁岭嘎拉哈游艺规则传播到北京地区。

在挖掘、传承和发展满族文化过程中，我和我的爱人刘万安可

以说是不遗余力、全身心投入。我们身为满族儿女，都在文化部门工作，在嘎拉哈大赛活动策划之初，将传统游艺的规则进行实践和研究，终于制定出适于比赛实战的新规则，并将其无偿交给满族文化促进会使用。为普及新游艺规则，我还多次深入县区进行面对面辅导。2018 年，铁岭嘎拉哈被列为铁岭市级非物质文化遗产，我是代表性传承人之一。

小小嘎拉哈，情系千万家。我坚信，有来自社会各界的大力支持，有人民群众的强烈需求，嘎拉哈一定会星火燎原，成为促进民族团结进步的新亮点。

（作者系铁岭市政协委员、铁岭市文联副主席）

"无字天书"牛河梁

王轩龙

　　牛河梁遗址——红山文化最高层次的中心遗址，研究悠久中华文明的重要窗口，这里"坛、庙、冢""龙、凤、人"，勾勒出红山古国的文明图景；每一块铸就民族血脉的基石，都深深镌刻着文化自信；厚重的历史文化积淀，证明着辽宁这片土地的无穷魅力。

　　走进牛河梁，翻看这本"无字天书"，一个神圣、神秘而又神奇的文明古国正拂去尘埃，渐露真容。

　　揭开"女神"面纱，穿越神秘牛河梁。1983年10月中旬的一天傍晚，考古工作者在牛河梁考古调查返回驻地途中，在附近的沟岔发现了"不一样"的陶土块，经过清理，泥塑人耳、鼻子露出土面。半个月后，考古学家对

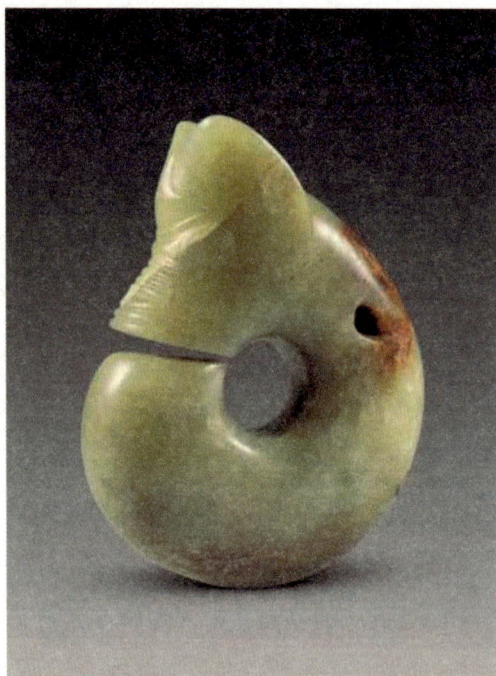

这里进行试挖掘，在小铲刮土的沙沙声下，额头、眼睛、嘴巴逐渐显露，一副具有女性特征的泥塑头像展现在世人面前。从此，神秘的"女神"揭开面纱，她仰面朝天，微笑欲语，似流露着经漫长等待后重见天日的喜悦。全国考古学会原理事长苏秉琦先生曾说"女神是5500年前的红山人模拟真人塑造的神像，而不是由后人想象创造的神，她是红山人的女祖，就是中华民族的共祖"。

追溯"玉礼"之端，穿越神圣牛河梁。牛河梁遗址出土玉器183件，有玉猪龙、玉人、玉凤、玉龟等，这些玉器种类繁多，造型独特，精美绝伦，并且随墓葬的等级变化组合，集中体现"唯玉为葬"的特点，反映出红山先民对玉的崇高信仰，及"以玉礼神，唯玉为礼"的思想观念，不仅开创了中国礼玉制雏形，也为后世商周礼玉制的形成奠定了重要的基础。在中华五千年文明形成的早期发展阶段，玉器是贯通天地、沟通祖灵和神灵、彰显礼仪的核心物质载体。秦汉以后至明清，在我国统一多民族国家形成和发展的进程中，玉器发挥了延续文明血脉、凝聚民族共识等重要功能，成为中华文化的象征之一。

探寻"古国"踪迹，穿越神奇牛河梁。古国即早期城邦式的原始国家，是指距今 5000 年前后出现的高于部落以上的、稳定的、独立的政治实体。探寻牛河梁遗址，不难发现这些神奇的"古国"踪迹：祭坛、女神庙、积石冢，有中心大墓和次中心、边缘墓地，说明当时已经有了等级制度；玉器是墓主身份象征，还有祭祀专用陶器，说明红山文化已经是接近先秦人的古国概念。这里还出现了明显的社会分工，建筑、制陶、玉雕、泥塑，这都是古代社会的水平，而不是原始人部落。

走进牛河梁，穿越五千年，来这里游国家考古遗址公园，在这里溯中华文明起源。

（作者系辽宁省政协委员、朝阳牛河梁开发区管委会副主任）

"金叶"遍地 "小零售"换装

刘　宁

48 岁的孙洪卿在 3 年前还是一名靠着经营一家毫无生气的小卖店勉强贴补家用的妈妈，而今，她经营的金叶春天连锁便利店，店面时尚大气，商品琳琅满目，管理方便省心，顾客更是络绎不绝，一年为家庭增收 15 万元。

大连市有 2.8 万家零售商户遍布城乡，日复一日承担着居民"家门口"便捷生活的需要。然而，这其中 90% 是没有组织、没有部

门管理的中小微商户。随着时代发展，受电商平台影响，加之理念落后、模式传统、场景破旧，多数零售商户经营状态不佳，濒临关门倒闭的窘境，涉及从业人员 10 万人之多。大连市烟草专卖局（公司）主动融入党和国家发展大局，立足小康建设工程和乡村振兴工程，以日本罗森等国际知名品牌连锁便利店为模板，创新"国有信誉品牌+民营灵活机制"新型连锁加盟商业模式，打造金叶春天便利店。

为了解决零售商户做生意没有可靠信誉品牌的最大难题，金叶春天便利店打破长期以来加盟必收加盟费的市场规则，免费为零售商提供亮丽店招、陈列背柜、店员服装等硬件支持，免费安装升级店铺管理平台，免费提供客户培训，免费指导店面建设，免费保障运营维护，有效降低了小微主体准入门槛，让一家家小店搭上新零售的快车。

大连庄河市蓉花山镇福阳村瓦前屯里多了一家"和城里一个样高大上"的便民店，吸引了四邻八乡村民时常光顾。店主肖春义是

一个残障人士，原本夫妻俩靠经营一家乡村传统食杂店为生，因为环境差、模式老旧、位置偏等因素，每个月的收入维持基本生活都紧紧巴巴。2020年9月，肖春义加盟"金叶春天"。"工作人员不仅帮我装修改造，还教我怎么经营，日均营业额从过去的1000元左右提高到3000元。"肖春义话语中流露出掩饰不住的欣喜，"村民们都说我的店一夜之间从'旧堵乱'变成了'新透亮'，日子越过越红火，心里真敞亮。"

2020年，乡村版"金叶春天便民"连锁品牌诞生，取代原本"黑黢黢、脏兮兮、乱糟糟，家店混搭"的乡村小店，打造店内外干净整洁、货物摆放井然有序、所有商品明码标价、诚实守信经营的村屯示范店，不仅带动了周边小店对标升级，更是助力村民脱贫，使乡村变得更美更宜居。

如今，420多家品牌化、连锁化、信息化便利店遍布大连城市乡村、陆地海岛，单店日均营业额达6227元，高于全国便利店平均水平930元，为复转军人、下岗职工、返乡大学生、留守农民等群体就业创业提供了 2000 多个工作岗位。大家在奔小康的同时，也为社区、村屯营造出舒适的"一刻钟便民生活服务圈"，让滨城市民深切感受到四季如春的温暖。

[作者系大连市政协委员、大连市烟草专卖局（总公司）局长（总经理）]

老边有个网红小镇

李志园

　　"农业航母"北大荒集团把旗下第一个农产品网销基地开在了营口市老边区。来自北大荒原产地的优质农产品如今正陆续摆进老边区各网红主播的直播间。这件事还要从 2019 年 8 月老边区出台政策，谋篇布局"网红小镇"说起。

　　2019 年 8 月，老边区提出，通过盘活散布于区内的 20 处闲置房产，打造直播基地、社交电商产业园、网红电商孵化基地、网红电

视台等网红经济发展载体。这让我们看到了进一步降低物流成本、缩短运输时间和拓宽销售渠道的机会，于是抱着试试看的态度来到营口，走进老边区网红小镇。

企业落户老边区以后，有关部门主动上门服务，帮助我们快速实现项目宣传和业务对接。"马上就办，从不拖拉。"扁平化的管理方式，让企业从选址到配套，从政策落实到项目推介，从员工招聘到客户推荐，均享受到了"保姆式"服务，也让我们切身感受到"虽在异乡，如在家乡"。

我们很快明确了企业的业务思路和发展方向。经过一年多的发展，结合老边网红小镇的平台集聚优势、物流快递优势，根据市场需求及市场细分进行业务模式精准定位。目前，我们已和中石油辽宁销售分公司、中石油吉林销售分公司、美团优选、百城优品和辽宁大田农业销售集团等多家大型销售公司及平台合作，开展集中采购、渠道定制、特渠销售等业务，实现单月最高销售额 300 余万元，税收近 20 万元。

2020 年 12 月，我当选老边区政协委员。2021 年 7 月，我又被推选为区工商联副主席。这让我倍感荣幸，同时也感到身上的责任和担子更重了。如何让更多的企业知道网红小镇、受益于网红小镇？这个问题时刻在我脑中萦绕。于是，我联合一些志同道合的企业经营者，共同发起注册营口老边电商产业商会，通过商会的力量发挥老边网红小镇的地域优势、政策优势、省亲优势、人才优势、物流优势和金融、法律、财务等产业发展联动优势，积极搭建"家里家外东北一家亲"交流平台，以"思乡、爱乡、助乡"为切入点，积极整合人脉链、产业链、供应链、销售链，为需求者搭建主播电商平台、采购销售平台，力争形成东北地区供应链集聚地，打造东北最大线上销售矩阵，为老边区网红经济的发展贡献自己的力量。

　　如今，受益于老边网红小镇打开销售新渠道的企业已数不胜数，同时涵盖了第一、第二、第三产业。未来，一定会有越来越多的企业像我一样被"网红小镇"新渠道吸引，在一流营商环境的感召下，"拖家带口"落户营口。

　　（作者系营口市老边区政协委员、营口颐家云仓物流有限公司总经理）

转型升级"氟"摇万里

勾秀伟

　　氟元素是一种反应性能极高的元素，被称为"化学界顽童"。氟原子非常小，仅次于氢原子，但是氟一旦与其他元素结合，就会成为耐热、难以被药品和溶剂侵蚀的具有"高度安全性能"的化合物。因此，在 20 世纪 30 年代，氟化工产业作为一个新兴产业迅速崛起。

　　阜新市的氟化工产业起源于 20 世纪 60 年代。作为全国最早的氟化工发源地，阜新引进国际先进氟化氢、二氟一氯甲烷、四氟乙

烯等先进技术，进行技术消化及创新。同时，阜新为国内氟化工行业培养大量人才，为国内氟聚合物快速发展起到了积极推进作用。原阜新化工研究所是国内最早研究生产芳香族氟化物的单位，是国内该系列产品的培育摇篮。

阜新市探明总量约220万吨的萤石矿产资源为氟化工产业的持续性发展提供着资源支撑。除此之外，阜新地区煤炭保有储量7.9亿吨，煤层气保有储量220亿立方米，铁矿探明储量3000多万吨，非金属矿产硅石、硅砂已探明储量5000万吨，远景储量达20亿吨以上。这些资源也为阜新市发展相关化工产业奠定了基础。

改革开放以来，阜新形成了以阜新恒通氟化学有限公司、辽宁天华化工有限责任公司、阜新达亿化工有限公司、阜新化联化工有限公司、阜新奥瑞凯精细化工有限公司等骨干企业为代表的企业群体，使阜新氟化工产业焕发出新的生机与活力。

目前，阜新在含氟精细化学品的含氟中间体领域处于国内先进水平，并拥有在国内独家生产氟碳醇的企业。同时，全省唯一专业

氟化工园区——辽宁阜新氟产业开发区也在阜新落户。该园区2008年8月启动建设，2010年7月批准为市级产业基地，2012年8月晋升为省级经济开发区。园区在2013年被中国氟硅有机材料工业协会授予"中国氟产业示范基地"，2018年获批为省级外贸转型升级基地。园区内拥有企业41户，其中规上企业26户，从业人员近7000人。

未来的阜新将充分利用萤石等资源优势和氟化工基础原料，找准定位，差异发展，协同发展，使氟化工产业集群成为推进新型工业化，实现阜新市经济跨越式发展的重要基础和载体，成为推动阜新市高质量转型全方位振兴的重要引擎。

祝愿阜新如鲲鹏展翅，"氟"摇万里！

（作者系阜新市政协委员、阜新市京津冀招商联络中心副部长）

119

做好盘锦的"柿"

董　刚

一提起盘锦，很多人都知道红海滩上珍禽飞翔，盐碱地上蟹肥稻香，却很少知道碱地柿子。随着种植技术的进步，近几年碱地柿子成了市场上的"新贵"。

盘锦碱地柿子是利用盘锦独特的高盐碱土壤和灌溉水等自然环境条件，集成应用优良品种与特定的栽培方式，生产出独特风味品质与高营养价值的番茄果实。

说起盘锦碱地柿子就不得不提"菜根堂"这个带领广大农户共同创业致富的大家庭。"菜根堂"的主人是谁？人们的脑海中可能会浮现出一个中年农民的形象。然而，当我们走近他，却惊奇地发现，"菜根堂"的主人是一位"95后"充满朝气的小伙子。他叫郭佳明，是全国农村青年致富带头人、民盟成员、盘锦菜根堂农业科技有限公司创始人。

大学毕业后，郭佳明怀揣梦想走上了"北漂"之路，在北京一家农业科技公司做技术员。因为工作勤奋，入职一年多，他就晋升为广东大区经理。工作中，他见识了南方沿海城市现代农业的发展规模和速度，萌生了强烈的回乡创业的念头。

当时在盘锦，碱地柿子产业刚刚兴起，有着很广阔的市场前景，

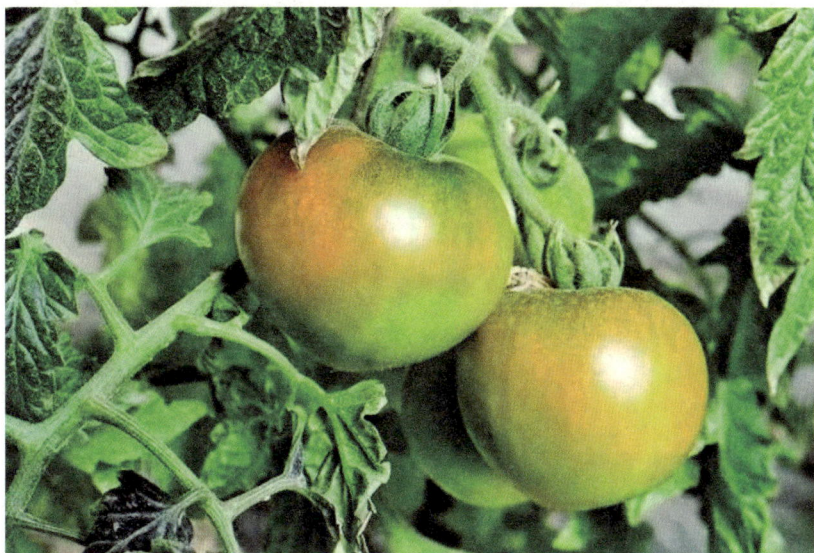

他下定决心返乡大干一场。然而，乡亲们并没有掌握好碱地柿子的种植技术，所以也没有带来多大的经济效益。创业初期，郭佳明起早贪黑，凌晨两三点就起来去地里干活儿，研究种植技术，虽然整个人累得又黑又瘦，但怀揣梦想的他总是有使不完的劲儿。

从2016年创业以来，郭佳明通过不同方式开展农业培训，成立合作社，把零散农户聚为一体，带动农户共同致富。在他的带领下，合作社成员年增收600多万元。郭佳明还摸索出一套碱地柿子种植技术规程和鉴定标准。至2020年底，合作社吸纳社员达200余户，年产碱地柿子300多吨，农户种植一栋大棚年增产可达6万元左右。

如今，在郭佳明和创业团队的共同努力下，公司已被打造成集碱地柿子生产、教学、科研、网销于一体的新模式现代农业科技公司。

经过不断的探索与总结，郭佳明完成了从一个人到一群人，从带动1栋温室大棚到带动300多栋的发展过程。中央电视台等多家媒体对他的创业故事进行了采访报道，而他却谦虚地说："在创业路上，我才刚刚起步，我要继续努力，带动更多的乡亲们一起致富，为乡村振兴做出更大的贡献，让青春在奋斗中闪光。"

（作者系盘锦市政协委员、盘锦市自然资源事务服务中心副科级干部）

祖父的嘱托

马志强

　　2008 年，香港中联办推荐我担任辽宁省政协委员，通知刚发出来，祖父（全国政协原副主席马万祺）就叫我回家"谈话"，讲了爱国爱港爱澳，讲了人民政协的职能作用，最后老人家对我提了一个要求：要认真为辽宁做事。家族中有 30 多位政协委员，有的在全国政协，有的在省级政协，也有的在地市和县级政协，祖父对大家的要求都是为当地做事。

　　到辽宁省政协报到后，我开始努力履职并认真做事。那时我主

要做中国与非洲部分国家的贸易工作，主要是将辽宁的产品和服务通过中非贸易协会的平台推销出去。随着对辽宁情况的进一步了解，我想在辽宁开设一家自己的企业，那时家族企业中在南方的能源资源类企业需要扩大原料来源，辽宁有合适的矿山，我觉得机会很好，就积极在辽宁寻找。

2014年，我以澳马公司名义控股江苏茅迪集团，这个企业的主营业务是桥面料，全国市场占有率很高。2015年，江苏茅迪集团参与建设港珠澳大桥，供应桥面料。朝阳的玄武岩非常适合做桥面料，以此为核心向产业链上下游延伸，废料碎石可以就地消化做路基，部分石料可以深加工成为新型防火材料。经过一年多的市场调研后，我们做了首期投资10亿元的产业园区（链）投资计划，利用茅迪集团的开采经验，边开采边恢复，开采20年左右，之后交给当地一个公园，矿山所在地是尚志乡，公园就叫尚志公园。于是我收购了朝阳县一家小企业，一步步开始了我为辽宁做事之路。

十几年来，我往返于香港、澳门、北京、广东、江苏、辽宁等地，不自觉地对比各地的经济走势、市场情况和营商环境，辽宁的

它的石料是以前南京二桥三桥
Our stone products had been used in the Nanjing Second Changjiang River Bridge, the Nanjing Third Changjiang River Bridge

发展变化在很多方面刷新了我的认知。印象最深刻的是人，或者说是人的状态。辽宁人豪爽、热情，那是初步印象，接触久了会重新定义，辽宁人真诚。在寻找适合的投资方向的过程中，我曾考虑收购一家铁矿石企业，省政协港澳台侨（外事）委员会、省环保厅、省地矿局等部门的人一起帮我梳理分析矿石的品位、开采和运输成本、市场以及行业政策走向，特别是环保政策的约束条件。事实证明，放弃收购让我避免了一次盲目投资。我决定投资开发朝阳县的玄武岩后，省政协领导以及省直有关部门、朝阳市县两级政府都非常支持。开采区内有一些保护林，是历史遗留问题，省林业厅组织专业技术人员上山踏查，调取卫星数据，现场与县政府协调，拿出解决意见；采矿证需要延期，涉及政策调整，省国土厅召集业务人员研究简化审批备案程序，协调朝阳市政府加快办理；矿区连接的两个乡镇都希望企业注册在当地，我很为难，请县里帮忙拿主意，县长说："根据投资计划，哪儿合适放哪儿。乡镇之间的事儿我解决，让你为这事儿困扰，我很抱歉。"每次到省政协开会，领导们都会问我投资顺利不、有啥困难没，我感动之余也有点压力，因为我的企业还没有为辽宁创造拿得出手的税收数据。辽宁是工业大省，钢铁、化工、机械制造、航空航天等行业的企业在我眼里都是"巨无霸"，我投资的企业只是一颗小星星，相关部门并没有因此就轻视我，给的信息都管用，帮的忙都贴心。集团的同事在辽宁工作，与人接触已经不觉得自己是外地人，甚至不觉得自己是外人。

2019年10月，澳门辽宁联谊会成立，由辽宁省政协往届和现任澳门委员组成，我担任会长。联谊会的宗旨是协调服务澳门籍辽宁省政协委员，团结联系爱国爱澳人士，促进澳门与辽宁交流合作。我将带领全体会员持续发挥"双重积极作用"，为辽澳合作共赢做出新的贡献。

（作者系辽宁省政协委员、江苏茅迪集团有限公司董事长）

"辽阳礼物"称心如意

王学东

　　文创产品不仅是"物件"，更是一种文化表达。好的文创产品如一面镜子，能折射出城市的悠远历史和文化变迁，反映出当今人们的生活品位和精神追求。

　　辽阳具有 2300 多年历史和丰厚文化底蕴，被誉为"东北第一城"，2020 年被评为国家历史文化名城，但很久以来一直没有代表城市文化元素的"辽阳礼物"城市伴手礼。如果说艺术代表一个城市的精神内涵，那么文化创意产业则代表一个城市的活力，通过艺术推动辽阳文化创意产业的发展，宣传辽阳悠久的历史和文化，将

国家历史文化名城的潜在文化价值充分挖掘和有效传承，是当代辽阳人特别是艺术家与文艺工作者义不容辞的责任。我心里萌生举办一届以"襄平印象"为主题的辽阳文化创意大赛的想法，将艺术、历史、文化、城市生活有机融合，打造出代表家乡特色的文化产品。

有了想法，自然要付诸行动。经过精心筹备与设计，2020 年 4 月，辽阳市美术家协会联合市总工会等多家单位举办了首届"襄平印象'辽沈银行杯'职工文化创意设计大赛"。共收到全市职工、省内艺术院校、企业、设计机构、美术家、设计师、民间工匠、学生、设计爱好者等各界人士稿件 200 余件，广泛调动了社会各界参与文创产品研发设计的积极性。作品坚持以人为本，既具有艺术魅力又富有实用功能，为实现文创作品产业化创造了良好条件。

2020 年 11 月 2 日，"襄平印象'辽沈银行杯'职工文化创意设计大赛作品展"在辽阳美术馆举办，带着鲜明辽阳地域文化元素的文创产品把这座城市的精神与气脉再一次展现在人们面前，这些作品是大赛优秀作品的集中呈现，也是襄平文化艺术的转化成果。展品有以辽阳礼物为主题设计的伴手礼、文旅纪念品和节日类纪念品等，还有以"襄平印象"为主题设计的具有独创性、欣赏性、记忆性的城市文化标识品，为人们的日常生活和交往增添时代气息、文化内涵和艺术情怀，为古城辽阳打造出一张张亮丽动人的城市名片。

我们主持研发了近 20 种以辽阳城市徽章"襄平布"为设计元素，既具文化内涵又与艺术和时尚生活相连的辽阳特色文创产品。其中有国家历史文化名城纪念日 LOGO、辽阳电视台台标、襄平布茶具、文化用品、辽阳特产包装设计……还组织在全国颇具影响力的 10 位艺术家把辽阳"明清十六景"创作出来，将"明八景"作品授权给辽阳转角有爱（辽宁）创客实业有限公司和特色咖啡酒馆的创始人徐琳用于啤酒外包装，并帮助完成由襄平布和"明八景"组合的易拉罐包装设计，取名"襄瘾"。还授权出品了"襄韵"明八景菊花茶、"襄醇"明八景白酒系列。

让文化找到市场，让创意贴近生活。古城的历史，古城的人文情怀浓缩在小小的伴手礼与纪念品上，它将艺术融入了时代，融入了生活，融入了大众，艺术与城市、文化与历史、生活与情趣完美

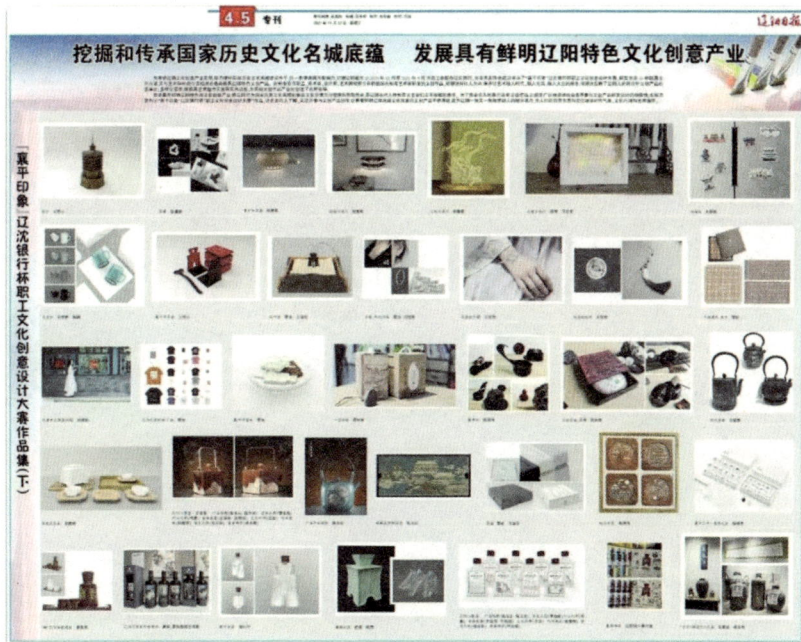

契合。文创产品不是文化的创造者，却是文化的朗读者。小小的文创产品，讲述着辽阳故事，让辽阳的文化走进百姓的烟火生活中，装进旅行者的返程背包里，把襄平印象传递到千家万户。

（作者系辽阳市政协委员、辽阳市美术家协会主席）

寻访青椅山机场

龙慕云

　　为庆祝中国共产党成立 100 周年，省文化和旅游厅精心设计、策划推出 10 条精品红色旅游线路，在"致敬最可爱的人之旅"——抗美援朝线路中，青椅山机场赫然在列。我随"重访丹东红色印记"报道组来到宽甸青椅山镇，寻访当年机场建设的点点滴滴。

　　出宽甸县城，西行 19 公里，便是四周青山环绕、中间地势平

坦、素有"万亩平原"之称的青椅山镇——青椅山机场所在地。"建机场那年,青椅山的沟沟岔岔里都住满了人。"今年81岁的王振武是土生土长的青椅山人,机场开建那年他已经10岁,清晰记得紧张而繁忙的机场建设场面。王振武说,在机场建设大军中,除了有解放军,还有从全国各地赶来的民工。为了赶工期,大多数人都住在临时搭建的帐篷里。

原中国人民志愿军炮兵某部战士韩善祥出国作战前,就参加了青椅山机场的建设。他回忆,当时雨雪交加,下半夜部队人困马乏,有的人边走边打瞌睡,跌倒后摔醒了,爬起来继续走,到达目的地后,听当地人说这个地方叫青椅山。修建飞机场的地方,是一片沼泽地,杂草丛生。那时,没有挖掘机和铲车等设备,战士们只能发扬愚公移山精神,用镰刀割,用镐头刨,用铁锹挖,肩担车拉,平整山包,取土石填沟壑,最后打夯压实。1950年的冬天格外寒冷,任务也十分艰巨。他们日夜兼程,轮流作业,手磨起血泡,挑破了继续干,肩膀压肿了照样担。没有遮挡物的荒郊野外,寒风有恃无恐地肆虐着,吹在脸上似鞭子抽的一般。青椅山镇三道沟村党支部书记、村委会主任张成海告诉我们,小时候常听自己的三舅姥爷姜贵森讲机场建设的往事。当年的建设大多都是靠人力完成的,车辆也都是马车和牛车。由于冬季严寒,无法使用水泥,但战事紧张,机场跑道便暂用铁板,一块块地对接铺设,供飞机滑翔起降。翌年春暖后,使用水泥沙石,制作成一个个六边形混凝土板块,铺设成正规跑道。"即使以现在的眼光看,当年的施工技术难度也是很大的,却在那么短的时间完成了。"在机场周边出生长大、从事泥瓦匠工作多年的张成海对机场高标准的施工印象深刻。经军民合力奋战,青椅山机场于1951年秋竣工。由于在规定时间顺利完成任务,韩善祥所在连队受到了嘉奖,他本人也荣立了三等功。机场建成后,时

任中国人民解放军空军司令员刘亚楼曾亲临青椅山视察。之后，机场内相继建起营房、停机坪、油料库、气象台等一系列军用设施。抗美援朝期间，从青椅山机场起飞参战的志愿军空军取得了辉煌战绩，为保护运输线、有力保障中朝部队的后勤供应做出了贡献。

2014年12月，丹东市人民政府将青椅山机场列为市级文物保护单位。2021年3月，辽宁省人民政府将其公布为省级文物保护单位。青椅山机场给我们留下了一笔宝贵的财富。

［作者系丹东市政协委员、丹东日报社宽甸新闻采访部主任、宽甸县委宣传部副部长（挂职）］

一件事一次办

白春杨

"现在给孩子落户真是太方便了，再也不用来回跑、反复跑了，一个窗口几分钟就办完了。"

"真是太便捷啦！没想到房子及水、电、燃气过户手续在这儿一次就办完了！"

"现在学生入学报名再也不用去学校排队了，直接在网上提交好材料信息，省时又省心。"

为有效解决群众办事慢、多头跑、来回跑等问题，全面优化营商环境，锦州市以一体化平台为依托，强势推进跨部门"一件事一次办"改革，其中新生儿落户、入学报名、不动产过户在全省实现率先突破，实施以来为群众节省了时间，提供了很多便利。

古塔区张先生的妻子在市妇婴医院生育二胎，但新生儿早产一个多月且体质较差，一出生就被送入保温箱育养，医生建议张先生尽快为新生儿办理社保卡，以减免报销一定住院费用。张先生夫妻双方父母年迈且在照顾产妇和大女儿，无暇办理印象中极其繁杂的社保卡业务。医生看到他们的难处，告诉他们医院设立了新生儿"一件事一次办"便民服务点。张先生夫妻听后半信半疑地在工作人员的现场引导下网上申办了业务，不到半小时就接到了派出所民警

"可以随时到派出所领取户口簿"的电话通知，同时收到了市医保中心"新生儿社保卡已经制证"的手机短信。

新生儿落户"一件事一次办"能做到出生医学证明、落户登记、社保卡申领和医保登记"四证联发"。相关单位联合建立了数据共享、审批联动机制，打造"一窗受理、并联办理"业务办理模式。办事群众可在医院通过政务服务网网上申请并提交材料，一次完成4项服务事项，真正实现"一个窗口一次办结"，办理时限大幅压缩，申请材料精简50%以上。

入学报名"一件事一次办"只需适龄儿童家长到网上对应学区学校的报名入口登记并将相应的证明材料原件拍照上传，审核通过后可线上打印《入学通知书》报到入学。通过数据线上核验代替线下提交材料，避免了材料重复提交、现场报名排队等候时间长等问题，真正实现让数据多跑路，让家长、学生和学校少跑腿。目前，中小学入学报名事项已升级为在锦州通 APP 手机端办理，掌上办、

指尖办让入学报名更便捷。

不动产登记"一件事一次办"本着去繁从简的原则，通过市不动产登记平台与政务服务网顺利对接，实现多部门信息共享，新取得不动产权的业主，只需通过一体化平台一次申请，多部门共同核验、并联审批，就完成水、电、气一并过户。目前，围绕全周期服务自然人和法人上线运行 118 个多部门联办事项，2021 年已累计办件 12652 件，辽宁省营商局在全国典型经验交流会上介绍了锦州市"入学报名一件事一次办"改革经验。

（作者系锦州市政协委员、辽宁润祺律师事务所主任）

西藏娃有了营口家

徐　勇

2021 年 11 月 7 日，立冬，一场暴雪为这个冬天隆重开场。次日，朋友圈被纯白美景刷屏。一组热气腾腾的照片在其中尤为显眼：偌大的食堂内，蔬菜、肉类敞开供应，学生们三五成群守着一份热辣，笑容里幸福满溢。照片的文案中写道："孩子们说下雪天该吃火锅，安排！"

发圈的是我的老友——营口市第二高级中学藏教办主任吴玉童。

从把这些来自雪域高原的孩子们迎入校园，他们的身份便不止于老师。他们常说："本地的学生能跟父母撒个娇，这些孩子距离家乡4000多公里，有啥事只能跟我们说。"

藏族学生对"老师爸爸""老师妈妈"有敬畏也有依赖，哪门学科跟不上进度、食堂哪个菜不合胃口、同学之间闹矛盾、身体不舒服……无论学业难题还是生活琐事都习惯跟他们说说。为了呵护这份信任，营口市第二高级中学创造性地实施了例会制度，每周固定时间听取藏族学生对学校管理的意见和建议，解决他们的实际困难。

锅庄舞是藏族三大民间舞蹈之一。为了让孩子们纵情舞蹈，学校几度根据现实情况更换场地，在操场跳、在食堂跳、在体育馆跳……藏语中锅庄舞的意思是"圆圈歌舞"。渐渐地，锅庄舞不再是藏族学生的专属，本地学生和老师也融入了这个"圆圈"。2019年，营口市第二高级中学举行锅庄舞比赛，以千人共舞的盛况向中华人民共和国成立70周年献礼。

文化交流是情感交融的切入点。市民宗局组织开展"手牵手共成长"专家进校园活动，聘请书法、声乐、舞蹈、体育等各界名家走进校园。2021 年，辽宁非物质文化遗产——面塑戳中了藏族学生的兴趣点。非遗传承人、辽宁省首批工匠陈群惊喜于孩子们的热情，计划收几名藏族徒弟，让他们将面塑技艺带回西藏，推进民族文化融合。

　　民族团结是情感的融合，是亲情的延续。营口市自 1989 年起设立西藏中专班，后改为普通高中班。30 多年来，已有千余名西藏学子在这里踏上追梦之旅。营口市第二高级中学于 2015 年 11 月起承接内地西藏班的办学任务，2018 年秋季开始实行散插班教学。在上好每一节课的同时，老师们利用假期、自习课为藏族学生单独排班补课。辛勤的努力换来了可喜的成果：藏族学生们在营口留下了美好青春记忆的同时，也一步步向梦想靠近。2021 年高考，在营口参加高考的 27 名藏族学生全部达到了本科线，其中 25 人达到一本分数线，一本上线率 92.6%，本科上线率 100%。

　　每一届藏族学生离开营口之前都饱含着浓浓的不舍，此时，陪伴他们走过三年追梦之路的老师们眼噙泪花，总会用一句朴实而真

挚的话语同可爱的孩子们深情告别："有时间回母校看看。营口永远
是你们第二个家!"

［作者系营口市政协委员、营口市民族事务委员会（宗教事务
局）副主任（副局长）］

芭蕾舞中的辽宁之美

曲滋娇

几年前，辽宁芭蕾舞团在国外演出，反响很是热烈。散场后，观众久久不肯离去。当他们问我们来自中国的北京还是上海时，我内心既有骄傲也有失落。从那以后，我坚定了要用"芭蕾外交"让世界认识辽宁的想法。

为了"辽芭出品必属精品"的口碑，我们每一部作品从动议到登台，都要用两到三年的时间：坚持选题要有格调、有筋骨、有情

怀，形式要有情味、意味、韵味，内容要能给人以力量；坚持不做快餐式作品，不讨巧趋同；坚持经典作品的逢演必改和常演常新……在这些他人看起来有些"执念"的坚持下，我们创作出充满辽宁地域风情的芭蕾舞蹈诗《辽河·摇篮曲》，反映东北抗联精神的《八女投江》，讲述"孝悌忠信"民族楷模的《花木兰》，以"铁人精神"为核心讲述一代石油工人家国情怀的《铁人》。这些感动人、引领人的作品屡获文华奖、"五个一工程"奖、中国服务示范案例等国家级荣誉，也让辽宁芭蕾舞一次次登上世界舞台，巡演足迹遍布世界五大洲，多个国际巡演项目成为商务部文化出口重点项目，成就了"辽宁芭蕾舞团"这张亮丽的文化名片。

舞剧《八女投江》在 2017 年和 2019 年曾先后两次受邀赴俄罗斯开展"一带一路"国家文化交流演出，创下当地剧院最长谢幕时间纪录。唯美的艺术语言让俄罗斯观众感受到了中国英雄的伟大。演出结束后，热泪盈眶的观众拉着我，一下下地捶着自己的胸膛，直呼"太精彩了，勾起了我们对二战岁月的记忆"。这个场景是我难

以忘怀的经典记忆。

2019年，舞剧《花木兰》作为中宣部"文化走出去"重点项目，以65人超大队伍奔赴美国和加拿大多个城市进行国际巡演，受邀进入世界顶级艺术殿堂——林肯艺术中心，并成为纽约"中国日"开幕展演作品，所到之处均掀起中国文化热潮。用中国故事的世界化艺术表达探索出一条政府扶持和商业化运作结合的原创艺术作品国际展演之路。

2020年，以"文艺演出+非遗展示"的新文化组合交流方式出访俄罗斯，将更加丰富多元的中国文化、辽宁文化在当地推广传播，受到俄罗斯观众的欢迎和喜爱。

受新冠肺炎疫情影响，辽宁芭蕾舞团的出访巡演受阻，但我们依然站在国际文化交流第一线，用线上展演和线上教学的新方式，与美国、葡萄牙、加拿大、英国等国积极开展文化交流。

在这些促进国与国、民与民之间交流的有益尝试中，辽宁芭蕾舞团正在成为中国文化、辽宁文化传承发展的实践者，成为中国故事、辽宁故事的最美讲述者。希望通过我的努力，让更多的人通过芭蕾舞这种艺术语言爱上中国，认识辽宁。

[作者系辽宁省政协委员、辽宁省文化演艺集团（辽宁省公共文化服务中心）副主任、辽宁芭蕾舞团团长]

"沈重"涅槃重生

刘晓东

  它是新中国成立后建立的第一个重型机械制造厂；它被誉为中国机械工业的摇篮，创造了新中国无数个第一；它是国家机械行业大型骨干企业之一，填补了国家近百项空白……这样一个拥有非同寻常历史的大厂就坐落在沈阳，它有一个响亮的名字——沈阳重型机械厂。

  沈阳重型机械厂写下无数辉煌，但谁曾想到，在新中国成立之初，它只是一个仅有几十人，被称为沈阳机械二厂的小厂。走过近百年的悠悠岁月，沈重历经磨难，终于凤凰涅槃，浴火重生，带着

沈阳人独有的智慧和勇气，创造了令世人瞩目的成就。

沈阳重型机械厂位于沈阳市铁西区兴华北街 8 号。它的前身是日本住友财团在 1937 年所建的满洲住友金属株式会社。当时只能生产火车轮毂、轮芯、轮架等部件。日本投降后，这家小厂曾被国民党军队当过马厩。建国后，面对设备少、条件差的难题，重新当家做主的工人们没有退缩，肩负建设祖国的重任和使命，迅速恢复生产。

新中国第一台轧辊直径为 700 毫米的中型出轧机、第一台 25MN 自由锻造水压机、第一台破碎机、第一台 5 吨蒸汽锤、中国最大的 450 立方米烧结机……均刻有"沈重制造"的字样。党的十一届三中全会以后，工厂着力加强企业管理，技术力量越来越雄厚，产品质量不断提高。12500 吨卧式挤压机荣获国家银质奖，PE-600A 复摆颚式破碎机获"国家优质产品奖"银牌。30×3200 三辊卷板机、2 吨和 3 吨双臂自由锻锤、1500×5700 管磨机、250/390 和 350/600 筒式钢球磨煤机，水轮机转轮等 7 种产品被机械工业部评为优质产品。产品不仅畅销全国 28 个省（市）、自治区，而且出口近 30 个国家和地区，为新中国的装备工业填补了 87 项空白，为国民经济发展及国防事业做出了重要贡献。

在计划经济向市场经济转型过程中，沈阳重型机械厂却遇到重重危机。人们对沈重议论纷纷，有人说，沈阳重型已被市场经济判了"重刑"；有人说，沈重"沉重"了……沈重能否经得起市场经济的冲击？沈重真的不行了吗？跨入 21 世纪，鲜活的事实抻直了问号。2002 年，是沈阳重型机械厂在全国市场一路高奏凯歌的一年。从年初开始，各种订单像雪片般飞来。截至年底，沈重已有 6 亿元订单在握，实现了历史性的飞跃，当年实现产值超过 7 亿元。

2006 年，沈阳重型机械厂又一次站在历史发展的新起点。沈阳

重型机械厂和沈阳矿山机械厂合并重组，组建沈阳北方重工集团有限公司，主要为隧道掘进、冶金、煤炭、电力、建材、港口、化工、环保等行业提供重大技术装备和服务。新体制极大调动了广大干部群众的积极性和创造性。2007年，北方重工实现了百亿产值的目标；2008年实现产值123亿元。2009年，历经70多年的沧桑岁月，老沈重挥手告别旧址，搬迁到沈阳经济技术开发区。2019年4月30日，北方重工完成司法重整，辽宁方大集团实业有限公司正式成为北方重工第一大股东，标志着北方重工又进入一个崭新的历史发展时期。

如今，在沈重铁西原址一角建成了1905文化创意园，让一座沉淀了新中国40多个"第一"的工业空间，转变成为沈阳最大的文化创意产业综合体。它内部保留了沈重工厂70年前的主体框架，历史遗迹随处可寻。

沈阳重型机械厂作为老工业基地的杰出代表，承载着太多老沈阳工人阶级的记忆。现如今，它必将乘着老工业基地振兴的东风，扬帆远航，再传佳讯。

（作者系沈阳市铁西区政协委员、辽宁青果医养集团有限公司副总经理）

147

东北地区第一个农村基层党支部在哪儿？

王　桐

  2021 年 6 月 28 日，东北地区第一个农村基层党组织展馆在大连市旅顺口区双岛湾街道胡家村正式建成并对外开放。回想过去几个月参与建馆的经历，过程虽艰辛曲折，但我觉得这一切都值了。

  依据中共中央组织部、中共中央党史研究室、中央档案馆联合编纂出版的《中国共产党组织史资料（第一卷）》记载：1927 年 5

月建立的旅顺口区双岛湾街道胡家村党支部是中国共产党在东北地区第一个农村基层党支部。胡家村党支部第一任书记谢在勤，受中共大连地委指派于1927年4月回到他的家乡——今旅顺口区双岛湾镇胡家村，开办夜校，宣传爱国主张，发展党员，发动农民开展抗税斗争，协助关东县委发动盐业工人罢工运动。尽管存续时间不长，但胡家村党支部的建立在培养骨干、发展党员、开展农村革命运动中发挥了重要作用，在大连、东北，乃至全国党史中具有特殊历史意义。

我在旅顺口区工作多年，很早以前就知道谢在勤的故事。来到双岛湾镇工作后，更加深入了解了他的感人事迹。恰逢中国共产党成立100周年，经多方调研论证，街道党工委和村里决定在胡家村建设东北地区第一个农村基层党组织展馆。这一想法也得到了区委、区政府的认可。作为一名共产党员和区政协委员，能成为这个项目的牵头协调人，对我来说是无比光荣和自豪的。然而，对于年收入不足30万的经济薄弱村，资金从何而来是个很头疼的问题。我积极与街道党工委、区委组织部、区委党校、区总工会等部门协调，探讨建设可行性方案。一家不行再找一家，一次不行再去一次，哪个政策适用就用哪个，谁的方案好就用谁。经多方努力，资金问题得到了初步解决，工程施工也如期推进。然而，新问题随之而来——党史馆的建设对政治性、政策性要求很高，既要尊重历史又要还原历史，必须要有专业权威的团队来打造设计。我和村里刚上任的"80后"书记胡津积极与区委组织部对接，把旅顺地方党史研究专家、大连大学专业展馆设计人员请进项目建设团队。展馆建设在村民中引起不小的轰动。随着工程的铺开，很多村民每天都要自发到建设工地看看进度。在后续展品征集过程中，村民都很积极，捐助了不少展品。经过各方努力，2021年6月28日，东北地区第一个农

村基层党组织展馆在双岛湾街道胡家村正式建成。展馆占地面积 600 余平方米，按照功能整体划分为主展馆、主题宣誓广场和"静思亭"微景观 3 个部分。主展馆以胡家村党支部建立及带领农工群众创办夜校、开展革命斗争、培养农工运动骨干和发展党员的历史回顾展示为主线，辅以革命斗争时期旧物陈列、改革开放后取得的成就及村庄规划展望等展示内容，生动再现了胡家村党支部的建立、发展、壮大过程。

目前，展馆已经被列为大连市党史学习教育现场教学红色线路、旅顺口区党员思想教育基地、旅顺口区总工会职工思想政治教育基地。

下一步，我还将围绕乡村振兴发展开展深入调研，以展馆开放运营为依托，为胡家村更好地传承红色基因、推动乡村振兴发展积极建言献策。

（作者系大连市旅顺口区政协委员、大连市旅顺口区双岛湾街道党工委副书记）

北镇葡萄的成名之路

杨红杰

提起锦州北镇市，不仅有耳熟能详的沟帮子熏鸡，还有闻名全国的葡萄产业。这里是全国最大的葡萄鲜储基地，有"中国巨峰葡萄之乡""中国葡萄贮藏保鲜第一县""中国百强农产品区域公用品牌""中国特色农产品优势区"的美誉。北镇葡萄入选"中国农产

品品牌目录"和"中国地理标志产品",品牌溢价达66.67亿元。

北镇的葡萄产业是如何成名的？这不仅得益于北镇的自然环境优势,更重要的是北镇通过实施一系列的葡萄品牌振兴发展计划,为葡萄产业量身定制最优发展方案。

良好的技术是产业发展的基础。正是充分认识到这一点,北镇市政府整合政府、高校、科研院所、产业从业者、专业公司的技术和智力资源,通过成立北镇葡萄品牌研究院、葡萄协会、葡萄专家委员会等方式,加大北镇葡萄农庄建设力度,制订北镇葡萄生产标准和商品化标准,并对种植户进行技术培训,树立示范典型,共同为葡萄品牌助力。在此基础上,北镇在全国率先探索实施区域品牌管控机制,由政府授权相关协会管控葡萄品牌,按照"以葡萄农庄为载体,坚持统一品牌,统一标准,统一营销,统一服务"的管控办法,从产业链视角全面规划和管理北镇葡萄的生产、经营、管理、服务,确保区域品牌框架下的产品质量和品牌信誉。

在北镇,葡萄都有"数字档案"。北镇将大数据体系引进葡萄产

业发展，通过分阶段实施基础数据采集、软件系统数据采集及农户培训、农户精准抽样数据采集、动态数据构建等工作的开展，精准掌握葡萄种植户的种植品种、种植面积、生产状态、销售状况等，为产业发展决策、订单化管理、技术指导、全程追溯与精准管控奠定基础。目前，北镇已建立对9477个种植户的普查数据库，为葡萄产业发展提供决策依据。

如何让北镇葡萄品牌叫得更响？北镇探索"品牌+新媒体+电商"组合推广模式，让北镇葡萄品牌的口碑、影响力和市场价值迅速提升。北镇与新浪、腾讯、网易等新媒体联盟签订品牌传播合作协议，进行品牌宣传推广；依托京东等电商平台，全面开展北镇葡萄线上交易和品牌培育；通过市领导推介、体育明星代言，召开"京东总部发布会""省外品牌发布会"，举办"葡萄文化节""全国葡萄大赛""高峰论坛"等大型活动，进一步传播北镇葡萄文化，提升葡萄品牌价值。

目前，北镇市与京东等电商平台建立了北镇葡萄战略合作关系，与鑫荣懋、地利生鲜等采购商签订葡萄购销战略合作协议，通过电子商务平台经济新模式为北镇葡萄产业发展插上金翅膀。

葡萄产业火了，农民腰包鼓了。北镇通过打造葡萄产业最优发展环境，壮大了葡萄产业，增加了农民收入，优化了农村生态，提升了城市知名度，有力推动了北镇市经济社会全面发展。2020 年，北镇实现农民人均收入 1.8 万余元，其中葡萄收入达 5200 余元。现如今，葡萄产业已名副其实地成为北镇市的支柱产业。

北镇葡萄，未来可期！

（作者系锦州市政协委员、锦州市北镇市副市长）

梦想在辽宁起飞

龙志彪

初冬的盘锦，雪后天晴，阳光浅洒。我们兴致勃勃地走进辽宁臻德化工集团，探访盘锦市政协台侨界别委员赵志英。

"辽宁是一个很包容的地方，不欺负外来人。""辽宁有丰富的资源，适合投资兴业。"这是我与赵志英交流时他最常说的话。

27岁那年，赵志英怀揣全家仅有的8万元钱，千里走单骑，只身闯关东，来到人生地不熟的辽宁盘锦，开启带有传奇色彩的创业历程。创业之初，赵志英以跑运输为生，从盘锦买石油运回老家邯郸去卖，几年下来雪球越滚越大，现如今旗下已经拥有盘锦路路顺石化有限公司、辽宁臻德化工集团辽东湾有限公司、盘锦隆旺达石化科技有限公司、盘锦海疆石化科技有限公司，总资产达18亿元。我们在厂区调研时，赵志英自豪地指着高耸的炼塔说："这套装置采用了国内最先进的工艺，用废机油做原料，提炼生产润滑油、汽油、柴油等12种产品。高品质的润滑油已经成功登陆菲律宾、乌克兰、越南、阿联酋、巴基斯坦等国家。""不是我们创造了奇迹，而是历史催生了我们。辽宁振兴的时代大潮，把我们推上了潮头。"赵志英深有感触地说。

辽宁臻德化工集团是第一批响应盘锦市委、市政府号召，率先

踏上"向海发展"征程，最早入驻辽东湾新区的骨干企业。政府有关部门为企业转型升级创造了非常好的外部环境，提供了"保姆式"的服务。"我之所以敢把这么重的资产投放到这里，最关键的是看中了这里的营商环境，顺应了辽宁的发展大势。""国家号召发展循环经济，提倡生产绿色环保，我们公司就是遵循这样的发展理念乘势而上，整个生产过程实现零排放、零污染。"赵志英说。

"辽宁是一个可以诞生梦想并让梦想成真的地方。"正是基于这样的定力，赵志英把一批又一批亲属、朋友从河北老家引荐到辽宁发展，在盘锦扎根。现在，由他担任会长的盘锦河北商会会员企业已经达 100 余家，产业涉及石油化工、机械加工、房地产开发、交通运输、机电安装、装备制造、产品零售等方面，带动了 9000 多人就业。在谈到辽宁的营商环境建设时，赵志英满怀期待地说："习近平总书记对辽宁特别关怀，发表一系列重要讲话，多次作出重要指示批示，提出了'四个着力'，这些都是辽宁破解困局、培育新机的金钥匙。"他告诉我们，近年来，省市领导多次到集团调研考察，了

解企业生产经营中存在的问题和困难，帮助集团出谋划策，协调有关部门落实具体政策。"我感到心里特别温暖。省委、省政府高度重视营商环境建设，不仅有目标，而且有方法，抓住了牛鼻子，给我们企业家吃了定心丸。"赵志英如是说。通过此次调研，通过与赵志英委员的深入交流，我们再次感受到力量和信心：辽宁构建的对外开放大通道、大平台、大布局，正从我们的脚下朝着明媚的远方徐徐展开……

（作者系盘锦市政协委员、盘锦市政协正处级干部）

深海逐梦人

桑子刚

　　"海人"曾经是中国科学院沈阳自动化研究所对"海洋机器人研究部"的习惯性称谓；现在的"海人"是国内规模最大的海洋机器人专业研究机构，拥有3个研究室，近300人，研制出了四大类型、八大谱系的海洋机器人。其中包括"潜龙""海翼""探索""海极/海斗""防救""长航程""载人潜水器控制系统"等，创造了10多项"第一"，大多数研究在国内具有开拓性和引领性，诸多科研成果接近或达到与国际相齐的水平，有的项目技术指标已居世界顶级行列。

　　从近海到远洋，从海面到海沟，"海人"的足迹踏进了太平洋、印度洋、北冰洋和马里亚纳海沟。在沈阳自动化研究所工作的30多年间，我亲历了我国水下机器人事业的初创、发展和跨越，见证了

这支科研团队的成长。

20世纪80年代，时任沈阳自动化所所长的蒋新松院士以战略科学家的前瞻眼光布局机器人事业，将水下机器人选作突破方向。没有国外的参考资料，完全依靠自主技术和国内配套条件，我国第一台作业型遥控水下机器人"海人一号"在菜窖里进行了第一次下水试验。在这样的艰苦条件下，水下机器人团队研制出我国第一台水下机器人。

为了载人深潜事业，一批批科研人员甘冒生命危险下潜深海。10多年前，"蛟龙"号海试时，国家深潜英雄、控制系统主任设计师刘开周不顾潜水器首次下潜的巨大风险，主动参加下潜试验。2020年，"奋斗者"号副总设计师、控制系统负责人赵洋不惧危险，随潜水器下潜到了世界海洋最深处的马里亚纳海沟海底，创造了10909米的中国载人深潜最新纪录。

"海人"在漫长的时光中与海相伴。由于工作性质，团队每年都有数批科研人员、几千人次在海上度过：有的连续几年春节在海上参加海试任务，不能回家与家人团聚；有的晕船反应剧烈，躺在甲板上坚持完成操控作业；有的海试归来后，黝黑消瘦的面容令年幼的孩子认不出这是朝思暮想的爸爸……

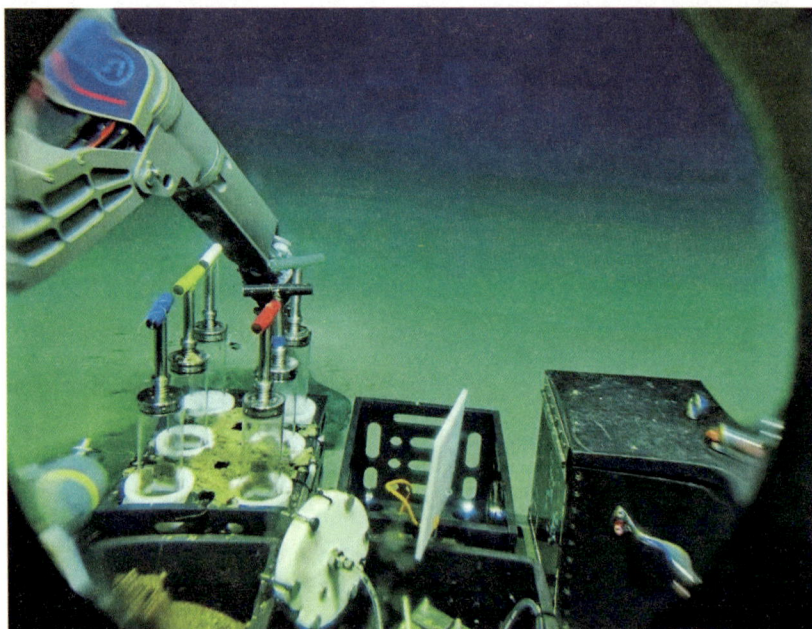

　　"海人"将战斗堡垒建在船上。"探索4500"AUV海试团队临时党小组在南海和北极科考中，党员们冲锋在前，克服南海恶劣海况与持续高温、北极高密集度海冰覆盖带来的试验困难，获得了大量宝贵的数据资料，为我国开展北极深海前沿科学研究提供重要支撑。

　　在中国科学院院士和中国工程院院士投票评选的27次中国十大科技进展新闻中，2016年"海斗"号无人潜水器入选，2017年"海翼"号水下滑翔机入选，2020年"海斗一号"全海深潜水器入选。

　　一项又一项突破，一个又一个荣誉，"海人"的脚步却从未停歇。为了"可上九天揽月、可下五洋捉鳖"这个几代中国人的梦想，"海人"一棒接着一棒跑，甘于奉献，敢为人先，为我国水下机器人事业长远发展砥砺前行。

　　（作者系辽宁省政协委员，中国科学院沈阳自动化研究所党委书记、副所长）

"老三馆"变身创业新高地

刘安娜

营口人熟知的"老三馆"大楼现在有了新用处——营口人力资源服务产业园。产业园经过两年的迅猛发展,已与北京、上海等一线城市国家级产业园比肩,综合实力排名跻身全国领先之列,受到人力资源行业权威组织关注。

位于营口市站前区的"老三馆"大楼,即营口市图书馆、档案馆、科技馆迁出后的闲置楼宇。2019年初,营口市委、市政府将闲置2.4万平方米的"老三馆"综合楼宇整体划拨给站前区,用于发展新型经济业态。站前区利用"老三馆"闲置楼宇创办了营口人力资源服务产业园。目前,产业园有两大主要业务板块,主要为以服务外包、海外劳务派遣为代表的"人力资源产业"板块和以共享经济、零工经济、直播经济为代表的"新经济产业"板块。开园至今招商入驻项目152个。截至2021年9月(运营23个月)营业收入达91.36亿元,税收5.42亿元,服务招聘企业426家,提供招聘岗位1496个,举办招聘会2045场,解决就业5.94万人次,培训11.65万人次。线上平台入园企业38家,灵活用工平台发包项目4507项,签约人数26.35万人,服务区域遍布全国。

在营口人力资源服务产业园,最受大家欢迎的当属"营小二"。

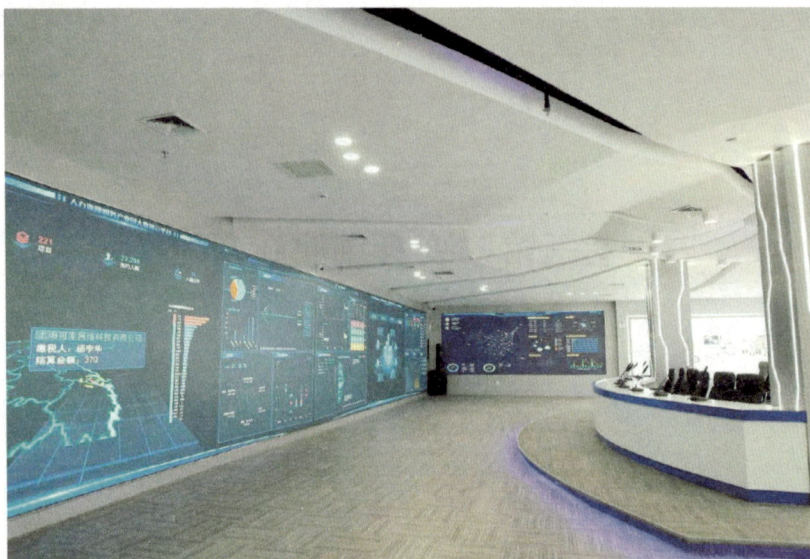

这是产业园为提升服务效率，助力企业快速发展，通过自主开发的"荟营家"服务体系，以"营小二"服务台对接企业业务系统，为企业提供全程代运营及本地运营外包服务。入园企业无须到营口，"营小二"线下团队就可以为企业全程代办工商、税务、银行等相关业务。同时，"营小二"服务系统2.0版本支持全程线上化运营，入园企业进行实时数据传输，税务局支持在线服务，并实现立体化、全方位智能监控。

除了"营小二"，还有"营掌柜"。"营掌柜"2.0版本既支持企业接口对接、发布任务，也支持中小企业全程线上接发包、在线签署协议、在线结算、人工智能算税、报税、云开票，全程对接"营小二"，助力中小企业数字化转型，赋能头部企业智能升级。

在此基础上，营口人力资源服务产业园为节约企业办事时间，简化企业办事流程，在区税务局、市场监督管理局、人社局等部门的大力支持下，开设"办事方便"窗口，方便企业就近办事。同时，进一步打造政策最优、服务最佳的创业高地，为企业及创业人员提

供更加精准、更加便捷的贴心服务。

　　为激活人才资源，产业园开展特色专场招聘会和定制化培训业务。每周二、周四为企业及求职者提供特色招聘会、企业专场专项邀约面试、企业"上门"服务专场招聘等。产业园内设有人瑞学院，常驻营口的专业培训讲师达十余人，定期为企业提供职业技能培训、管理培训、专项培训等。同时，采用市场化运营，承接各企业机构定制化培训业务。

　　观念一变天地宽。置身营口人力资源服务产业园，人们为"老三馆"的华丽转身而惊喜，更为营口的美好明天充满期待。

　　（作者系营口市站前区政协委员、营口众瑞人力资源服务产业园管理有限公司总经理）

黄金矿山用上了5G

苑兴伟

　　阜新市是一座重工业城市，有着"煤电之城"的美誉。近年来，随着资源型城市转型发展，阜新又有了"智能城"这个新定位。值得一提的是，在号称"黄金万两县"的阜新蒙古族自治县，有一座5G智慧黄金矿山，为阜新非煤矿山的智慧化转型起到引领和示范作用。

　　地处阜新县的辽宁排山楼黄金矿业有限责任公司，是一座集采、选、冶为一体的综合型黄金矿山。1997年7月建成投产，原为露天开采，2005年起全部转入地下开采。建矿以来，累计生产黄金42吨，产值超百亿，利润总额超过11亿元。现如今，走进排山楼公司，一定会颠覆你对传统矿山"傻、大、黑、粗"的刻板印象，5G+井下远程遥控、5G+视频监控、5G+综合数据传输、5G+人员定位，会让你的眼前一亮；智慧资源、智慧采矿、智慧选矿、智慧安全、智慧尾矿集中可视化管控，会让你彻底信服。5G工业互联网应用正在为传统矿山赋能，加速黄金矿山的转型升级。

　　2020年，排山楼公司开始启动"5G+智慧矿山建设项目"，2021年10月建成。该项目由中国移动、华为公司、北京矿冶科技集团、中南大学、东北大学等提供矿山技术支持与合作。围绕"五个一"的规划思路，实现一张蓝图全统筹，一个网络全覆盖，一套数据全打通，一个平台全掌控，一个终端全链接。该项目是首个在辽宁省工信厅立项的5G智慧矿山建设项目，是省工信厅重点项目支持计划之一，并成功入选省科技厅2021年度重点科技研发支持计划。

　　排山楼公司搭建了数字孪生管控平台，通过数字仿真实现地表

和井下场景可视化，完成了基于5G技术的井下电机车无人驾驶及井下破碎机远程遥控等项目，实现了矿体地质模型的建立。基于数字地质的采矿工程设计，在井下生产过程中完成了通风、排水、提升等全生产链的自动化、少人化、无人化控制。同时，采用UWB精准人员定位技术，实现井下人员跟踪、视频监控、生产环境信息监控和采集，为井下矿山本质安全提供保障。在此基础上，技术攻关团队模拟排山楼公司选矿工艺设计，开发选矿DCS自动化控制系统。利用大数据技术建立数学模型，实现粒度在线分析、药剂自动添加，达到选矿生产全流程自动化控制。在尾矿库安装在线监测设备，实时观察尾矿库安全状况，数据可连接至省应急管理部门。

2021年10月，排山楼公司作为省内38户重点企业之一，应邀参加在沈阳举办的2021年度全球工业互联网大会。会上，排山楼公司现场展示远程遥控距离沈阳230公里的排山楼金矿井下360米的机器人设备，赢得在场观众的阵阵喝彩和好评。

在新一轮科技革命和产业变革蓬勃兴起之时，"排山楼"这座5G智慧矿山在阜新演绎着精彩的故事，在老工业基地振兴发展中奏响时代的乐章。

（作者系阜新市阜新蒙古族自治县政协委员，辽宁排山楼黄金矿业有限责任公司党委书记、总经理）

创城 "氛围组" 上线

赵晓媚

初冬时节，丹东市元宝区铁路新华小区里却一派 "春意盎然"。一辆开往春天的文明号列车出现在小区墙面上，成为一道亮丽的风景，吸引众多群众驻足观看。

"画得真好，我曾经是列车员，在这样的列车上工作 30 多年。如今能在家门口看见这样一幅生动画作，真亲切。"小区居民王先生边欣赏、边回忆、边点赞。原来，这幅生动形象的列车图是元宝区创城彩绘作品之一，基于铁路新华小区居民大多是铁路退休职工，文化志愿者们就以铁路和列车为题材进行了墙面彩绘创作。

自创建全国文明城市工作开展以来，元宝区积极营造创城工作氛围，在主要街路设置了 20 处公益景观小品，其中位于金山镇宗裕水世界入口处的创城主题公益景观小品长 11 米、高 7 米，是目前全市最大的创城主题公益景观小品。除此之外，还在居民小区楼体上设置了插画风格的公益广告 7000 余块，密度达到每栋楼 2 块，通过打造"多维度""立体化"的宣传矩阵，使元宝创城"处处可见""人人知晓"。

于家桥洞、八道桥洞等 4 个桥洞墙壁曾经是小广告粘贴的集中地。近 20 年来，由于小广告野蛮粘贴，层层叠叠，桥洞内墙面满是纸屑、糨糊残印，藏污纳垢。元宝区开展一系列桥洞整治行动，利用桥洞进行文明礼仪宣教。2021 年 7 月，经过系统整治，这 4 个桥洞"摇身"变成了文明宣传长廊，一组组创城宣传口号配上一幅幅形象生动的墙画，别有新意。

元宝区采取"智慧化"方式，在全区打造 8 个文明智慧平台，采取声光电组合的方式播放宣传片、公益广告等。该平台自 2021 年 5 月设立以来，浏览群众已达数万人次，激发了文明城市创建活力。

除进行常规宣传外，元宝区还积极开展线上线下相结合的"立

体式"宣传。2021 年 8 月以来，陆续在线上推出两部创城公益宣传片，通过诙谐幽默的动画短视频方式，让广大市民更好地了解创城、参与创城，提升市民文明素养，助力文明城市创建，播放量已达数万次。线下开展的"传递文明　创城同行"主题志愿活动吸引了千余名群众的参与。来自各行各业的文艺志愿者还通过京剧、芭蕾、板胡、快板、独唱、舞台剧等方式开展创城宣传，营造"讲文明、树新风、促和谐"的良好氛围，促进道德建设和文明城市创建工作的深入开展，得到了群众的好评和欢迎。

（作者系丹东市元宝区政协委员、丹东市元宝区社科联主席）

烟波浩渺看长桥

李之栋

    盘锦地处九河下梢，河网纵横，水系发达，自古就有"鱼米之乡"的美称，又被称为"辽河金三角"。4102.9 平方公里的土地上，有 3150 平方公里的湿地。这里是河的尽头、陆的起点、海的边缘，这里是中国最北海岸线，是世界最大的苇海辽河口。

    有河就有桥，有了桥梁，居住在这片土地上的居民才能更加方便快捷地通行往来。早在 1900 年，流入盘锦境内的辽河河道上架起了第一座大桥——营榆铁路双台子河铁桥。此桥长约 350 米，是河心一孔、两端引桥各一孔的三孔桥。中间一孔约 150 米，两端各一

孔约100米，梁板是从山海关桥梁公司运来的。

此后百余年沧桑岁月，又有无数座大小不同、形态各异的桥梁架于城市之间。这些桥梁以河流为载体，不仅传递出盘锦的城市味道，还像一条条纽带把五色盘锦串联在一起，描绘出鱼米之乡的独特风景，表达出盘锦人对于这片蓝天黑土的深情厚谊。

现如今，在盘锦的辽河、大辽河、大凌河、绕阳河等众多河流上，我们见到的桥大多气势恢宏，让人不由想起"一桥飞架南北，天堑变通途"的词句。

当人们站在桥上，看着桥下的波涛，望着远处的风光，会觉得天辽地宁，岁月静好。桥上车水马龙，桥下川流不息，时不时有渔夫撒网，渔船划过。而这些桥就这样风雨无阻默默无闻地矗立在这里，与浩渺烟波倾谈，与骀荡白云对视，与冷酷风雨交锋，与休闲人群相拥。

近年来，盘锦的摄影爱好者们拍下了全市各类桥梁。这些桥为盘锦呈现出不同的建筑之美，任由四季更替，始终在那里看晚霞回家，留下身后的光，照亮熙熙攘攘的人间。

晨光熹微，落日镕金。盘锦的桥，用最灿烂的笑容、最纯净的心灵、最坚韧的风骨，描绘着岁月，奉献着初心。

　　盘锦的桥，如时光穿越了多少人的青春，如轻舟摆渡了多少人的记忆，它承载着新时代的梦想，勾勒出更加美好的明天。

（作者系盘锦市政协委员，盘锦市政协党组成员、副主席）

红色音乐经典的背后

冯志莲

2021 年是中国共产党成立 100 周年，沈阳音乐学院开展"百年卓越"系列活动的排演，各系都行动起来，有的排练经典传唱的红歌，有的创作新作品。学生们的态度很认真，演唱技巧也比较成熟，但是在老师们的眼中，却总是缺了点什么。学生为什么会遇到这样的困境？老师们各抒己见，一致意见是：红色经典音乐的感召力不仅仅是旋律和曲调，更重要的是来源于生活，来自伟大的革命实践。学生们只在课本里学过相关历史知识，想象不出来当时的背景，表演时内心情感不到位，就无法将作品的神韵表达出来。院党委决定，

让老师带学生重走红色之路，对红色经典音乐背后的故事和蕴藏的内涵进行深度寻访和体验。

各院系按照"大型舞台演出""音乐专题纪录片""系列展览""理论研究"四大板块内容，分成"井冈山组""抗日组（延安、晋察冀）""抗美援朝组""东北老工业基地组""改革开放组"等5个组，选择了5条经典寻访路线，组织召开了动员会、座谈会、分享会、艺术创作和展演比赛等，100余名师生分赴7省区116个寻访地，在经典寻访过程中，革命遗址遗迹成为了党史"教室"，文物史料和经典文艺作品成为了党史"教材"，革命英烈和模范人物成为了党史"教师"，给师生们上了一堂堂鲜活而生动的党课。

在抗美援朝组，声乐歌剧系学生拜访了几位参加过抗美援朝的老兵。李政翰同学在拜访肖斌老人时，听老人讲战场上的往事，乐器是文工团战士最宝贵的"武器"，演出途中遇到敌机轰炸，战友将三弦琴藏在身下，宁可自己受伤、牺牲，也不舍得让琴被毁掉。他

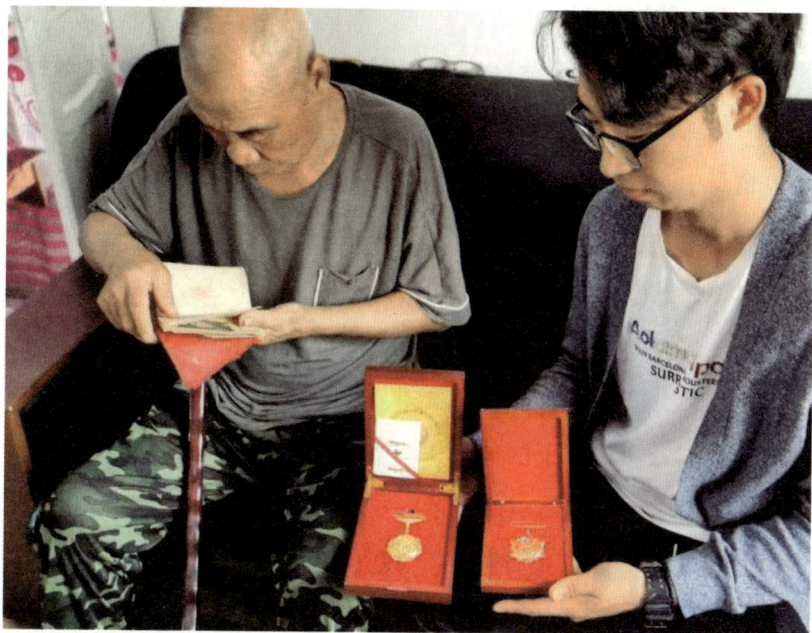

受到了深深的震撼，把自己与那些出生入死的老战士对比，思考人生的意义与价值，思考音乐的美与力量。关天昊同学在一位90多岁老兵的床前演唱《我的祖国》，听到老人用微弱的声音和唱，他哽咽了，他从老人的歌声中感受到了忠于祖国的赤子情怀。

在井冈山组，学生们听红军后代江满凤讲述红军的故事，演唱《十送红军》。黄俊同学试穿红军曾经穿过的草鞋，从些许新奇到脚上传来尖锐的刺痛，他切实体会到了红军的艰苦，一下子理解了人民群众对红军的热爱。肖帅锋同学了解了《十送红军》的创作背景后惭愧地说："以前认为红军长征离开根据地是胜利的出发，所以用欢快的情绪演唱。现在懂了，这首歌表现的是一种离别情绪，不知前路如何却要勇敢向前、争取胜利的革命情绪。"

在抗日组，师生们参观了延安鲁艺旧址。那时的鲁艺很小，只有一个礼堂和三排窑洞，却产生了《白毛女》《黄河大合唱》《南泥湾》等一批极富影响力的作品，活跃了敌后抗日根据地军民的文化生活，振奋了中国军民的抗战热情，为抗日战争的胜利做出了积极贡献。听侯秀珍老人讲述鲁艺老艺术家们生产、生活、创作的故事，用浓浓的陕北方言演唱那些家喻户晓的红色歌曲，师生们沉浸在历史的情景中，久久不能回神。音乐学系老师关冰阳十分感慨地说："我现在真正理解了毛主席在鲁艺成立大会上讲的话：要在民族解放的大时代去发展广大的艺术运动，实现文学艺术在今天的中国的使命和作用。"

"百年卓越"系列活动开展的半年多时间里，老师和学生共同进步，解决了思想认识上的问题，学生们的专业水平提升自然而然，老师们的教学水平提高顺理成章，专业教学与思想政治教育相融合的"最后一公里"真正打通了。700多名师生递交了入党申请书，有的学生在入党申请书里写道：两次寻访经历，心灵和思想受到了洗礼。一个国家、一个民族甚至一个人，都不能没有理想和信念，更不能没有精神支柱。

沈阳音乐学院作为延安鲁艺在东北扎根、发展的重要组成部分，始终秉承着鲁艺精神，脚步不停，初心不变，自觉把艺术理想融入党和国家的伟大事业中，呼应时代召唤，唱响人民心声，为东北乃至全国的经济、政治、文化和社会发展做出贡献，让红色经典音乐回声悠扬。

（作者系辽宁省政协委员、沈阳音乐学院副院长）

再造一个"小巨人"

宋莲红

我从事橡胶软管企业生产管理工作近 30 年,曾在多地建厂。2012 年,我选择在大连市旅顺口区扎根,投资兴建大连仓敷橡胶零部件有限公司。近 10 年来,公司在当地政府部门的帮扶和支持下,从不足 30 人的小企业,一步步成长为今天的中小企业优秀代表,销售规模超过 1 亿元。

在旅顺口区投资创业,感受最深的是营商环境越来越好,相关部门将"被动治理"转向"主动服务",让我们对未来充满信心。2017 年初,公司接到厂区所在地域需要搬迁的通知。企业需要发展,投资扩建势在必行,但原址不能扩建,新址又没有着落,且作为整车厂供货商无法实现停产搬迁,否则损失不可估量。旅顺口区三涧堡街道了解企业的诉求后,积极帮助我们寻找合适的厂区,协助企业办理相关手续,经过半年左右的选址,终于在三涧堡工业区寻得合适的空闲厂房。搬迁扩建需要立项,政府部门又安排服务管家,专人专车挨个部门为我们跑手续,原来需要半个月才能拿到的立项文件,两个工作日全部完成。这个快速响应、主动服务的执行力,让公司上下深受感动。然而老问题解决,新问题又来了——企业搬迁到工业区需要环评批复,但在工业区的区域环评中,没有"汽车及零部件制造"一项。为解企业燃眉之急，相关部门由专人牵头成立专项解决问题小组，重新审视区块定位，经过与环保部门积极沟通协调，将区域环评项目进行更新，使企业最终获得入驻通行证。在政府部门的帮助下，公司原计划半年的搬迁施工方案仅在 1 个月内就完成了，节省预算 100 多万元。

更令我们感动的是，旅顺口区科工信局等部门多次到企业调研，协调帮助企业解难题，使企业专心保生产、拓市场、搞研发。企业最怕审批手续复杂，办事难，政策落实不到位。了解到企业的困惑，区政府认真落实政策举措，为企业解读政策，提供帮扶和跟踪服务，确保政策落实落地。2021 年，在旅顺口区政府的支持下，包括德迈仕、亚明、仓敷橡胶在内的 11 家企业，共同发起组建了旅顺口区汽车零部件产业创新联盟，进一步降低了企业创新成本，提升了行业企业在国内外的竞争力。政府职能转变，营商环境越来越好，有力推动了企业的快速成长。多年来，我所在的大连仓敷橡胶零部件有限公司先后获得"高新技术企业""企业技术中心""国家级专精特新小巨人""优秀女工关爱室"等称号，企业在税收、项目扶持、科研立项等方面多次获得资金补助，让仓敷人在旅顺口区更有归属感。

在我看来，旅顺口区历史文化底蕴丰厚，环境优美、气候宜人，是国内乃至东北亚难得的宜居城区；而对于做企业的人来说，这里还是难得的投资沃土。我们有决心在这块土地上继续深耕笃行，再造一个"小巨人"。

（作者系大连市旅顺口区政协委员、大连仓敷橡胶零部件有限公司总经理）

小袜子做成大产业

徐 勃

2021 年 9 月，中国（大连）国际服装纺织品博览会在大连世博广场盛装启幕。在此次服博会上，来自辽阳市辽阳县的小北河镇分外抢眼，荣获中国纺织工业联合会授予的"中国袜业名镇"称号。

地处浑河、太子河之间的辽阳县小北河镇，自古以来就是商贾重镇。据历史记载，明清时代水路交通方便，大批货物从小北河上船运往各地，来往商船可谓是"南通营海，北达盛京，贸易繁盛"。

新中国建立之初，小北河镇开始大力发展集市贸易，至 20 世纪 80 年代，小北河集市已成为影响本溪、鞍山、沈阳等地的主要集市商贸区。

小北河袜业历经 30 多年的发展，产业规模和水平不断提升，形成了产业、市场、物流一体化的发展体系，在国内国际具有一定影响力。现共有袜业企业 293 家，注册具有自主知识产权的商标 467 个，年产袜子 25 亿双，产值近 30 亿元，棉袜产量位居全国第二，产业整体规模位居全国第四。小北河镇重点打造的总投资 1.02 亿元、占地 74 亩的小北河袜艺城项目，目前已有 196 家展销企业入驻，为全国袜业企业提供批发市场、仓储物流、检验检测、电子商务等多个服务平台，弥补东北地区袜业商贸功能短板。现如今，小北河袜业立足国际国内两个市场，积极融入双循环新发展格局，产品不仅在国内各大城市占有一定市场份额，同时还远销韩国、日本、俄罗斯等多个国家。小北河镇 2018 年被省政府认定为省级特色乡镇、省级产业特色小镇，2021 年被中国纺织工业联合会授予"中国

袜业名镇"荣誉称号。

　　千年渡口述说着商贸繁荣的老故事，袜业产业承载着特色小镇的新格局。小北河镇获得"中国袜业名镇"这一殊荣，大大增强小北河袜业在国内乃至国际市场上的影响力和竞争力，为未来发展增添新动力、激发新活力。辽阳县将以此为契机，擦亮金字招牌，加快小北河袜业的品牌建设和产业发展，形成原料、制造、生产、销售产业链条完整的特色产业集群，昂首阔步迈向更加辉煌的明天。

　　（作者系辽阳市辽阳县政协委员、辽阳市辽阳县小北河镇党委副书记）

182

浓浓书香溢满城

朱宗策

　　文化是一座城市生生不息的血脉。从 2100 年前的山海名城到如今蕴含潜力的港口城市，锦州在朝着现代都市发展的同时，也在用它博大的胸怀兼顾着文化的融合。近年来，锦州市委、市政府高度重视文化改革发展，将文明锦州建设上升为城市战略，大力促进公共文化服务升级，不断发展文化产业。2019 年，锦州市凌河区委、区政府为丰富居民的精神文化生活，招商引资引入文化惠民工

程——"盛文北方新生活"项目，为锦州市民提供了一个集文化和休闲于一体的新空间。这个将中国传统文化、潮流文化与属地文化相融合，以阅读为引领，以图书业态为基础、文化体验为特色、文化休闲与文化商业为重点、创意产业为延伸的文化综合体项目，为锦州这座城市打开了一个新的文化窗口。

30万种藏书、1.4万平方米建筑面积、4层多元化配置，盛文北方新生活把中华优秀传统文化与现代生活美学有机融合，构建了一个崭新的文化传承的平台。

在文化配置以外，延伸出的一系列文化宣讲活动，更加体现了企业的核心价值和正能量，也充分证明了锦州市政府部门对于文化企业的重视及扶持：每年的全民读书节活动，盛文北方新生活都能参与其中，被锦州市文旅局授予"文化产业示范基地"称号，被锦州市教育局授予"锦州市中小学生课外阅读基地"称号；锦州市妇联将盛文北方新生活评为"文化共享基地""锦州市家长学校"；以史为鉴知兴替，以书为源育初心，在凌河区委支持下，党史学习教育系列读物顺利发行……

落户锦州的 3 年间，盛文北方新生活用文化和使命在无数次碰撞交流中迸发出火花，助力锦州进一步提高城市文化水平，带动产业结构调整，为锦州经济文化共赢发展和社会和谐进步提供良好的环境。

如今，锦州正在通过国际化、商业化、现代化方式，深度挖掘自身的文化之美，精心打造"中国文化名城"名片，锦州也势必因文化而更加光彩夺目、熠熠生辉。

(作者系锦州市政协委员、锦州盛文北方新生活新华书店有限公司总经理)

"云端" 发力促数字化转型

李 东

在钢城鞍山，坐落着东北地区唯一一家三网融合国标 A 级数据中心——梦网云数据中心（鞍山基地）。它是深圳梦网云科技集团股份有限公司全资子公司。

梦网云数据中心成立之前，梦网集团曾对鞍山营商环境进行全面考察及深度分析，并经过多次沟通洽谈，才决定在鞍山落户。2015 年 12 月，鞍山市云数据科技发展有限公司注册成立。2016 年

10月，经过设计研究，中心正式开工建设。

在项目建设期间，鞍山市委、市政府本着"全心全意为企业服务"的宗旨，为梦网云提供了许多支持和帮助。在了解到企业供电和供水等方面的问题后，政府部门帮助企业引入两条高压专线，投资建设高压变电所，其中包括18台配电柜及8台2000KVA变压器；与自来水公司积极沟通，妥善解决公司原有管道压力不足无法供水的问题。同时，在了解到原有楼体承重达不到数据中心建设要求的情况后，政府部门出资对楼体进行加固并出具加固报告，使数据中心顺利竣工投产。

2019年，梦网云数据中心正式竣工并投入使用。然而，由于新冠肺炎疫情发生，公司发展劲头受到较大影响。鞍山市委、市政府大力开展"春风行动"工程，积极帮扶企业摆脱困境。市领导多次莅临中心调研视察，了解企业发展中遇到的瓶颈和难题，并帮助协调解决，使企业的发展日趋向好，让企业深切地感受到鞍山优质的营商环境，对企业在鞍山的发展充满信心。

目前，梦网云数据中心已成为东北地区唯一一家三网融合国标

A 级数据中心，建筑面积达 2.18 万平方米，拥有 1174 个机柜，可容纳标准 2U 服务器约 16000 台以上，技术及规模等级在东北地区名列前茅。中心拥有国标 A 级、IDC 资质、等保三级、ISO 质量认证等各项资质。截至 2021 年 11 月，机房上架率已达到 40%，并有计划建立二期数据中心。随着数字经济发展理念的不断深入，梦网云数据中心将更加积极地投身到鞍山数字经济发展的浪潮中。同时，在鞍山市良好营商环境的带动和引领下，梦网云数据中心也将为鞍山数字化转型发展做出更大的贡献。

（作者系鞍山市政协委员、鞍山市梦网云数据中心总监）

再渡生命的航船

王丹波

"美丽的万泉湖畔，有一条生命的航船，白衣天使是那引航的舵手，高高的病房大楼就是那风帆……"辽宁省肿瘤医院的院歌时常在万泉湖畔响起，也时常在患者心中响起。

2021年11月24日，在省肿瘤医院胸外科一病区，71岁的郭大爷和家属正在收拾行李准备出院。本该高兴的他却眼含泪水，老人有些不舍地说："我太感谢肿瘤医院了。在这里，我获得了第二生

命。这儿的医生、护士都好，待我像亲人一般。我要好好活下去，才能对得起这么多为我付出努力的人。"

在此前的20多天，郭大爷经历了不能手术的绝望到右全肺切除的挑战，再到自体移植获得新生的跌宕人生。因呼吸憋闷、咳中带血的他辗转多家医院就医无果后，来到省肿瘤医院。胸部CT结果让手术技术高超的学科带头人刘宏旭大吃一惊，右肺上叶肿物长在支气管根部，而且纵隔淋巴结也明显增大，肿块还侵犯右肺动脉主干，这种部位的肿瘤常规肺叶切除已经不适合，唯一生存机会是手术难度极大的右全肺切除。对于慢性肺气肿导致肺功能很差的高龄老人，右全肺切除意味着将几乎断送患者的呼吸功能。这个手术禁区如何打破？面对郭大爷渴盼的眼神和强烈的求生欲望，刘宏旭启动了多学科团队协作（MDT）诊疗模式，医院专家团队敢担当、不放弃，制订了先做2周期的新辅助+免疫治疗再手术的诊疗计划。希望通过术前治疗让肿瘤缩小，使手术达到保留部分肺叶，改善患者生存质量的目的。复查结果不遂人意，只能通过手术切除肿瘤。想要完整、

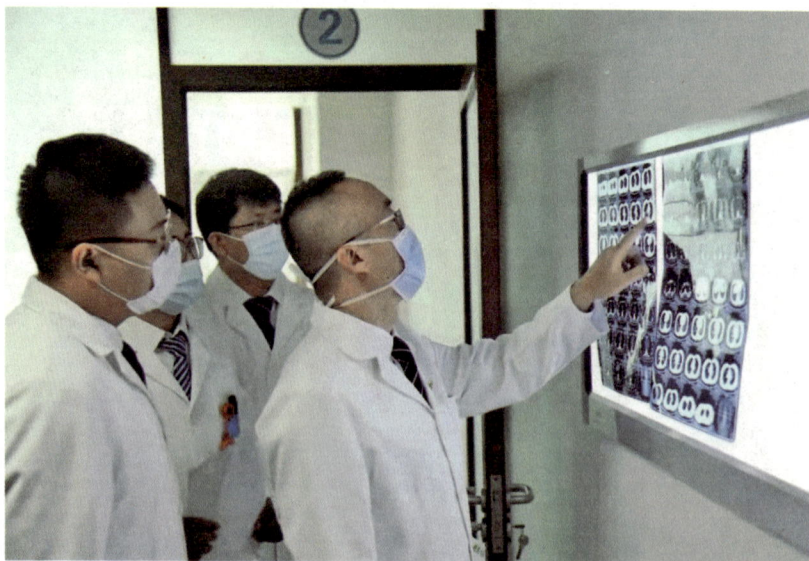

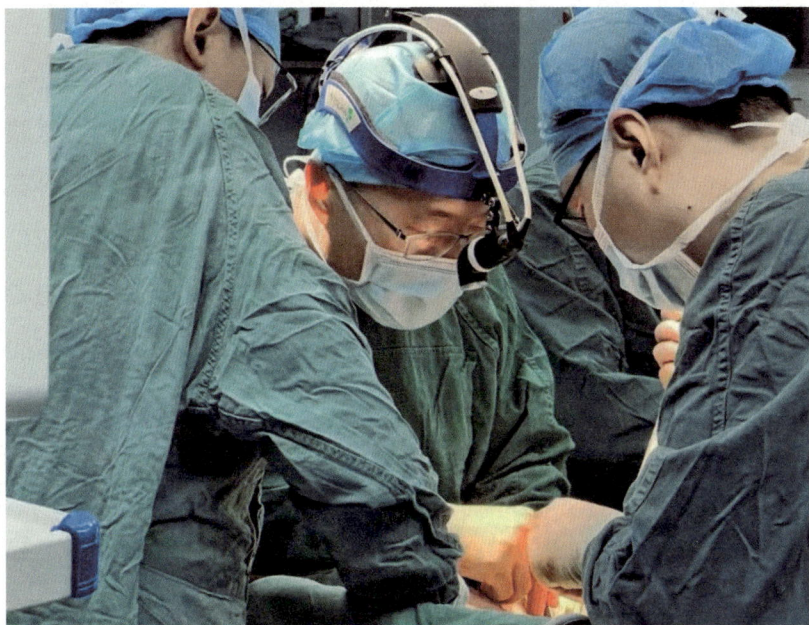

彻底地切除肿瘤，常规外科技术只能右侧全肺切除。但患者高龄，而且肺功能不是很好，这样会给患者造成极大的创伤，甚至有生命危险。

最佳手术方式是保留部分肺叶，但肿瘤侵犯支气管及肺动脉过长，存在切除后气管血管无法重建的问题。面对这个特殊病例，治疗团队经过反复讨论，给出了一个大胆的建议——自体肺移植。自体肺移植手术难度极大，对术者和团队配合的要求非常高，成功案例在全国寥寥无几。为此，胸外科联合手术室、麻醉科的专家团队，从病变的游离、血管阻断、术中麻醉、抗凝、离体肺组织的保护、移植吻合顺序、术后管理等细节做了详细的讨论和准备。

经过 8 个多小时的鏖战，手术团队成功完成了肿瘤医院建院以来首例自体肺移植。针对术后存在的出血、吻合口瘘、狭窄、动静脉瘘、血栓甚至免疫性肺炎等风险，术后医护管理小组人员昼夜轮换，及时调整方案，陪着郭大爷一路闯关。出院当天，郭大爷向陪伴他多日的医护人员不停地诉说感谢，激动的眼泪止了又流。

这个特殊病例的诊疗是省肿瘤医院把真情至爱送到患者心间、争创一流水平、依靠科技兴院的缩影。自 1975 年建院以来，这艘"生命的航船"已成为东北三省规模最大、最为专业的肿瘤专科医院，于 2021 年获批肿瘤国家临床重点专科建设项目，成为国家卫生健康委首批多学科诊疗试点医院。"用我们真诚的服务，让每个患者露出满意的笑脸……"万泉湖畔，伴随着悠扬的院歌，越来越多的疑难肿瘤患者在这里获得新生。

（作者系辽宁省政协委员、辽宁省肿瘤医院院长）

"超市"开到心坎上

田 野

　　"多亏了这个'电子证明超市',要不然我还得从几百公里外跑回来。"谈起朝阳市公安局的"电子证明超市",在北京工作的李先生深有感触:"这个'超市'开到了群众心坎上。"

　　"朝阳市是人口输出型城市,每年有大量人员到外地打工生活。他们在办理相关业务的时候需要取得公安证明,但由于当地警方户籍限制或警务数据不互通,当地无法为朝阳籍群众出具相关证明。"朝阳市公安局营商环境建设中心副主任刘巍坦言,这令很多朝阳籍群众返回户籍所在地派出所或往返多个单位换取证明。2020年末,刘巍在得知辽宁省一体化在线政务服务平台——电子印章系统和朝阳市电子证照库即将投入使用后,立即萌生了为群众开电子证明的想法。得知这一创新想法后,朝阳市公安局营商环境建设中心高度重视,立即协调朝阳市营商环境建设局及朝阳市信息中心等政府部门支持建设工作。不久后,朝阳市公安局依托朝阳市政务服务一体化平台,利用电子印章系统和电子证照库,建立了"电子证明超市",并在朝阳市营商环境建设局微信公众号、辽事通 APP、朝阳市政务服务网站上开通了公安电子证明申请渠道,群众可自行通过上述渠道上传符合公安部要求的申请材料。接到群众申请后,民警会

第一时间在朝阳市政务服务一体化平台内完成审批，仅需5分钟，真正实现了让办事群众"零跑腿"。

"我在外地开出租车，现需办理道路旅客运输驾驶员证，当地运管处要求我提供出租汽车驾驶员从业资格背景核查证明。"2021年1月4日，在外地居住生活的朝阳籍群众郭先生焦急地拨通了朝阳市公安局营商环境建设中心政务服务窗口咨询电话。"我现在实在没有时间回去，该怎么办？"了解这一情况后，窗口人员第一时间告诉郭先生，他所需的证明已经可以在网上进行出具，并进行了电话指导。不到5分钟，郭先生就拿到了自己需要的电子证明，郭先生直呼"难以置信"。

如今，"电子证明超市"陆续开通了出租汽车驾驶员从业资格背景核查证明、驾驶人近三年安全驾驶信用证明、无犯罪记录证明、户口登记项目内容变更更正证明（户口登记项目变更更正证明、户口迁移情况证明）、注销户口证明、亲属关系证明、被拐卖儿童身份证明、捡拾弃婴（儿童）报案证明、非正常死亡证明9类电子证明服务，覆盖公安全部证明的 80% 以上，触角延伸至朝阳市 156 个派出所综合服务室，一般证明办结时限为 1 天，特殊证明办结时限为 5 天，超出时限的，朝阳市公安局将采取问责机制。据统计，"电子证明超市"每天平均办理群众申请 80 余件，从 2020 年 12 月 1 日试运行至今已出具电子证明 1.21 万件，群众满意度大幅度提升。经考证，"电子证明超市"不仅是全省首创，且位于全国前列。

"将几分钟变几秒钟，在缩短时间上下功夫"是朝阳市公安局下一步工作目标。将公安网数据平台与朝阳政务服务一体化平台对接，打破平台壁垒，完成公安和政府数据互通，届时可实现即时审批，群众单次办理电子证明时间或可缩短至几秒钟，切实提升为人民服务的工作质效，让数据多跑路，群众零跑腿。

（作者系朝阳市政协委员，朝阳市公安局党委副书记、副局长）

帮乡亲们扛稳"金扁担"

周国华

　　金秋十月，正值大棚草莓促长催花保果关键时期，补肥、中耕除草、摘除老病叶、补苗……大连市政协与辽渔集团共建的联合扶贫开发基地的日光温室大棚内，芙蓉村曾经的低收入群众正热火朝天地忙碌着。"2020 年，一个大棚就收入 10 多万元，我们在自己家门口就业增收，日子越过越有奔头！"一位村民一边不停手里的活计一边欣喜地说。

　　芙蓉村坐落于庄河市荷花山镇碧流河水库之滨。这里要保护大连全市饮用水安全，山林众多，可用耕地严重不足，经济发展相对落后。全村现有人口960户，其中贫困户80户，特困户20户。自从大连市政协与芙蓉村结成了帮扶对象，困难群众的点点滴滴就成了委员们自己的事。每年春节前夕，政协委员都在市政协的统一组织下为他们送去慰问金和米面油等慰问品，还为特殊困难群众送去慰问金。

　　"感谢党！感谢政府！"老实本分的宋大姐不知该如何表达内心的感恩，只反复念叨这两句话。宋大姐家的房子年久失修，多处屋脊弯曲断裂，随时有坍塌的危险。宋大姐自身患有疾病，还要承担孩子的教育支出，家里的收入无力修缮房屋，可房子不符合相关政策，未被列为危房改造对象。市政协委员在了解到这一情况后当即表示集资2万元进行房屋改造。三个月后，当委员们来到宋大姐家建好的新房时，她紧紧抓住委员们的手，几度哽咽。她不知道市政协委员是做什么的，她只知道是共产党好、政府好。

197

　　看病贵、看病难，困难群众更难。芙蓉村有 4 户困难群众是因病致贫，但由于不符合相关政策，一直无法纳入低保，生活十分艰难。民政和慈善等相关部门的委员积极沟通协调，通过报销医药费和慈善救济等方式对困难群众进行救助。市政协还组织 6 位医药卫生界委员赴芙蓉村开展送医赠药活动，义诊 100 余人次，并免费捐赠价值 11900 元药品。

　　乡亲们最大的期盼就是"将来干活挑着金扁担"。大连市政协也深深懂得授之以鱼，不如授之以渔。在市政协的沟通协调和辽渔集团的市政协委员大力帮助下，市政协与辽渔集团共筹集了 80 余万元资金，在芙蓉村新建起了 3 栋日光温室大棚，并与荷花山镇和芙蓉村共同成立联合扶贫开发临时党支部，引导带领芙蓉村通过发展农业产业实现自我脱贫。

　　实现自我脱贫的道路并不是一帆风顺。有了大棚，还得有技术。大棚交付给农户的第一年，部分农户草莓苗种下不到一个月全部死掉了，这可急坏了老乡们。市政协在了解到这一情况后，第一时间联系庄河草莓协会派人帮助查找问题，教授种植技术，并协调联系购买上好的草莓苗，帮助他们及时补种。在草莓协会的帮助下，乡亲们挽回了损失，第一年就实现了增收。

而今的芙蓉村，10项脱贫指标已经全部达标，全村各项事业蓬勃发展。在为芙蓉村"把脉问诊"、跟踪帮扶"授渔"中，打通循环中仍存的"堵点"，提升可持续"造血"能力，大连政协人帮助芙蓉村打造的脱贫致富新路径，帮老乡们肩上的"金扁担"金上加金。

（作者系大连市政协委员、大连市政协经济委员会副主任）

人间烟火暖了这座城

赵 莹

"四方食事，不过一碗人间烟火。"烟火气，是早餐的豆浆油条，是冬日里咕嘟冒泡的火锅，更是食堂里孩子们的笑语喧闹。

沈阳国字菜篮子农业发展有限公司每日供给沈阳市 20 余万中小学生校园餐，为沈阳市医务、公安、交通等企事业单位提供配送服务，坚守"用良心做膳食"初心，打造现代化中央厨房+全产业链+智慧食堂模式，将敬畏心和责任感赋予这最平凡的人间烟火。回忆创业历程，董事长柯妍的笑中闪着泪光。2007 年，她放弃"铁饭碗"后，正式开启了摸着石头过河的创业之路。"我当时铁了心就是要干餐饮，而且还不能马马虎虎地干，既然选了这行就要干出点成绩来。"想起那时初生牛犊不怕虎的自己，柯妍忍不住笑起来。但也有至今无比难忘的艰辛岁月：刚经营烧烤店时被掺假羊肉的店吊打营业额，怀胎九月挺着大肚子和员工半夜清点食材、和员工一起种土豆，接手第一所学校食堂时赚不回成本，银行卡里都凑不齐 100元……个中艰辛苦楚渐渐远去，留下的是不畏艰难、永不放弃的匠人精神。

如今，柯妍带领企业一头关联产地，一头关联孩子们的餐桌，保障食品安全红线不动摇，保障供餐服务，力求为沈阳市中小学、

企事业单位提供安全、健康、营养、美味、智能的餐饮综合性服务。同时积极响应"发展中央厨房、推进农村三产融合、振兴乡村经济发展"政策，以三产融合发展为核心，构建"生产基地+中央厨房+净菜配送+团餐服务+智慧食堂"的一体化战略体系，有效延伸农村产业链，着力探索农村三产融合发展模式和利益共享机制。

生活就是一餐一饭一粥一饮，一步步专心做好每一件事，将每一件平凡的小事做到极致，就是不平凡。

（作者系沈阳市沈北新区政协委员、沈阳国字菜篮子农业发展有限公司副总经理）

葫芦岛的葫芦镇

李翠英

20 年前海边小村的盐碱地，一眼望去是荒山、荒坡、荒沟、荒滩。20 年后，这里是国内知名文化旅游区、国家 AAAA 级旅游景区。这就是刚被文化和旅游部评为"第一批国家级夜间文化和旅游消费集聚区"的葫芦古镇。

20 世纪 90 年代末，葫芦岛市提出了"南延西进"的城市发展规划，龙港区向企业家发出了"城市支持农村、三产反哺一产、全面履行社会责任"的号召。时任龙港区工商业联合会会长的王国林，选择了其中最难啃的"硬骨头"——在北港镇笊笠村盐碱地上打造

一个乡村农业园。

从仅有 2 棵有价值的树到如今的 3 万多株树木；从一个脏水泡子变成影视剧外景地的圣水湖……通过全面清理残破盐滩，整治恢复海沟功能，改造笊笠渔港，启动渤海故事，这里水清岸绿、鱼翔浅底、水草丰美、福燕成群，极大地改变了当地农民的生态观念、生态价值，也辐射带动了周边各乡镇和村屯——建成的葫芦古镇累计安置农民、渔民和大学生就业达 3000 多人次，发放农民工工资达 9000 余万元，累计培育创业主体 200 多个，间接带动就业岗位 400 多个。

为了破解北方冬季旅游"半年闲"难题，2017 年冬，葫芦古镇打造"关东民俗雪乡"活动，吸引国内各地游客前来体验，实现了冬季旅游"淡季不淡"。再破解工作日"淡"、节假日"旺"的困扰：建设安全科普体验馆，组织市中小学生研学，梳理原国防教育馆，打造红色文化教育基地，成立塔山精神培训学院。如今的葫芦古镇是爱国主义教育的一面旗帜，各地区和单位的团建、党建活动也走进了葫芦古镇，实现"一周天天热"。还突破了旅游业的"白

天依赖症"。古镇的夜色更美。通过两三年的时间发展夜经济，葫芦古镇成功入选"第一批国家级夜间文化和旅游消费集聚区"。

葫芦古镇创建了中国关东民俗博物馆和中国葫芦文化博物馆两个国家级博物馆，为葫芦岛市的中国葫芦文化之乡建设赋予了更多文化内涵。

以关东民俗文化为根复原建设的葫芦古镇，展现了百年关东市井风情。多部反映关东地域文化的影视剧在这里拍摄，多位关东题材作家在这里设立了工作室。葫芦岛也由此成为全国唯一一个成立关东民俗文化研究会的城市。2017 年，在辽宁省区域品牌价值评价工作中，葫芦古镇关东民俗文化品牌获评 7.07 亿元品牌价值。

至今已举办 12 届的中国葫芦文化节，入选党中央批准、国务院批复设立的"我们的节日·丰收节"主题系列活动；编撰的国内首部"葫芦文化丛书"，以葫芦文化为主题自主设计建设的葫芦童话王国欢乐园，组织开展的全国性葫芦工艺作品评比等活动，在推动国内外文化交流的同时，也促进了葫芦古镇产业的不断发展。

　　不久前，葫芦古镇被评为辽宁省滨海旅游度假区，下一步还要冲刺全国旅游度假区。从起步发展到拓展市场，葫芦岛的葫芦古镇正在稳步走向更远的未来。

　　（作者系辽宁省政协委员、葫芦岛市政协副主席）

路畅，心情畅！

崔　丹

　　"这里可以左转弯啦。" 2021 年国庆节期间，我和先生驾车经过阜新市新建路与民族街路口，看到禁左行驶标牌下多出一行 "节假日除外" 的字样，我顺畅左转的同时心情也变得很欢畅。这一便民举措与市政协委员的积极建言密切相关。

　　7 月 22 日，阜新市政协工青妇界别组开展 "请您来协商" 活

动。我们邀请交通管理专家、事故处理专家及交警队的负责同志来到界别委员活动室，共同围绕改善城市交通管理环境交流协商。活动中，市政协委员孙中廷根据民族街平时和节假日车流情况，建议在禁行标识下加注"节假日除外"字样。阜新市交警支队采纳建议，并感谢政协委员为交通环境整治建言献策。

作为政协委员，我在调研视察中感受到阜新市交通管理的智能化和人性化，也亲身体验到交通出行的便捷度和现代化。8月22日，在市政协组织的"推进市域治理现代化"重点视察中，我和同行的委员走进交警指挥中心的指挥大厅，深受震撼：指挥中心基础信息上图、情报分析研判、可视化调度、智能信号联网、事故预警分析、路况诱导发布、移动警务管理、数据边界交换等一应俱全，从根本上实现了"情、指、勤、督、考"五位一体的智能化交通指挥体系，为确保全市人民安全方便出行奠定了坚实的基础。

9月2日，我又随市政协到阜新蒙古族自治县调研。出发时正值早高峰时段，汽车顺畅行驶在阜新市中华路东段，委员们感慨万千：

"不用再走走停停啦!""这里不再拥堵啦!"原来,辽西第一条"潮汐车道"在这里建成使用,这是阜新市交警队助力城市精细化管理的新举措,通过科学分流和导流,最大限度减轻了早晚高峰期间此路段的交通拥堵状况。

与此同时,我们发现,每一条主要街路都有崭新的交通隔离护栏和高清鹰眼 VR 视频探头。"鹰眼"以超长光学变焦摄像追踪,让交通违法行为无处逃遁。阜新市还通过新建的 50 余个智能信号灯岗,实现主要路段现代化绿波信号机导流,以交通诱导屏提示驾驶人规避拥堵,营造了更加安全文明的交通出行环境。作为政协委员,我为我们通过听民声、聚民智助推一个个问题的解决而高兴。作为市民,我为交警支队在一件件惠民实事中,践行为民服务的初心和使命而骄傲。路畅了,心情也跟着舒畅!

(作者系阜新市政协委员,阜新市妇女联合会党组成员、副主席、三级调研员)

当芦苇遇见蘑菇

马延东

认识杜红是几年前的事儿。彼时，盘锦市商务局在全市精选出30 余种盘锦特色产品参加辽宁中外商品博览会。杜红携展的用三种灵芝精制的"龙凤呈祥"工艺品，被评为 100 件"辽宁礼物"之一。正是因为这次活动，我对杜红及其创建的芦苇蘑菇事业有了更深的了解。

盘锦坐拥世界最大的芦苇荡，以芦苇为原料的手工编织品、芦

苇画工艺品、芦苇造纸、芦苇制板材等传统项目，已成为支撑盘锦乡村振兴的特色产业。而作为菌类高级技师的杜红，则是将芦苇与菌类种植联系到一起，产生了更加可观的经济效益。

2014年，杜红创建了盘锦嘉润禾食用菌种植专业合作社，开创了国内首家以野生芦苇为主要原材料制作菌棒的新型食用菌产业。经过5年的试验，技术团队利用芦苇成功培育出33个适宜栽培推广的食用菌品种，并筛选出相应的芦苇高产配方，打破了传统种植食用菌对木材资源的依赖，实现食用菌种植草本化，为平原地区持续发展食用菌产业提供了原料保障。用芦苇替代木屑，合作社每年生产标准菌棒2000万棒，可消化使用芦苇、秸秆2万余吨，节约木材5万立方米，每个菌棒节约成本0.15元，每年可节约生产成本近300万元。

合作社还提出将食用菌与观光体验、亲子教育、餐饮服务结合发展：活体小菌棒"苇小蘑"系列产品，具有品种多样性、家庭体验性、种植观赏性、可食新鲜性、营养保健性等特点，深受餐饮、教育、旅游行业和百姓的喜爱；以"听菌、赏菌、知菌、种菌、采菌、食菌"为主题开展的旅游活动，让游客亲身体验菌物世界的神奇；以"蘑菇是如何长成的"为主题的研学游，丰富了中小学生科普教育内容。

合作社始终不忘承担社会责任。通过线上培训和跟踪指导，为省内外无法外出务工的人提供就业岗位，带动1000多人再就业。积极寻求合作伙伴，推动食用菌产业健康、绿色、环保、可持续发展和第一二三产业深度融合。

2020年，"利用芦苇为基质栽培食用菌技术研究"被中国林学会专家评价为"国内领先水平"，并进入国家林业成果项目库；2021年，该项目获得辽宁林业科技进步二等奖。合作社先后被评为省"科学技术普及基地""林业专业合作社省级示范社""巾帼科技培训示范基地"……获得荣誉的同时，合作社的规模也越来越大，每年向国内14个省、30余个市县区提供菌棒及衍生产品服务，部分菌棒还远销韩国、日本、美国、智利等国家。

（作者系盘锦市政协委员、盘锦市政协经济委员会主任）

民族美食大家尝

杨松芝

元宵和月饼是中国美食文化的重要代表，是传统文化不可缺少的情感寄托。在漫长的时光中，品元宵、吃月饼的民俗风情与团圆的情感、喜庆的节日交融，在一代代人的传承中保留至今。

我在鞍山清真寺工作期间，每逢元宵节、中秋节来临，都能看到清真寺附近的刘家清真糕点铺门前排着长队。一天下来，能有200

多人等候购买过节的传统糕点美食。这种排队景观、这样的销售规模在鞍山是独一无二的。

　　因为工作的缘故，也因为内心的好奇，我开始探寻刘家清真糕点火爆的秘密。这是一对夫妻共同经营的小店，他们制作糕点已经有 24 个年头。学会了做糕点的手艺后，夫妻俩推着手推车走街串巷卖货。20 年前，他们又租下了现在的门店。有了固定的摊点，他们对糕点的品质也有了更高的要求。夫妻俩刻苦学习、潜心研究，从和面到糕点配方再到各种馅的配料都追求精益求精，品种从开始的几样发展到现在的几十样：月饼有五仁、黑芝麻、无糖，元宵有青丝玫瑰、豆沙、芝麻、白糖，还有各种酥类糕点……他们采用回族传统的配方，以清真独特方式制作，糕点至淳的味道吸引了越来越多的顾客。起初是回民，后来是鞍山老百姓，都爱这份独特的美味。一块月饼、一块蛋糕、一个元宵包含着夫妻俩对生活的热爱、对百姓的诚信、对事业的坚守。

24 年来，刘家清真糕点铺坚守不变的价格和味道，在清真寺老街的一角散发着温暖。深受鞍山父老乡亲喜欢的糕点铺生意越来越好。每当节日来临，不少厂家和用户提前找到店铺下订单。签下大订单对小店铺来说既省心又方便，但夫妻俩始终不忘一路走来大家对店铺的支持和信赖，宁肯自己多受累备足糕点，也不愿辜负门外长长队伍的信任和期盼。他们从早忙到晚，直到最后一个顾客满意离开才收工休息，"虽然一天下来筋疲力尽，但想到大家的信任、喜欢，我们就充满动力，就会更加努力地把糕点做下去，把特色的民族美食传承下去。"

（作者系鞍山市政协委员、鞍山市伊斯兰教协会副会长兼秘书长）

铁岭农产品有了"身份证"

马　娜

"大城市"铁岭不仅民间艺术盛行，还很适合农作物生长——地处北纬42度黄金种植带，黑土层深厚，养分量较高，水资源总量丰富，是农产品的优质产地。"铁岭大米""铁岭榛子""铁岭玉米""铁岭花生""铁岭胡萝卜"等，先后获得国家地理标志证明商标。如何充分利用地理标志提升铁岭农产品的知名度和认可度？在思考后、在实践中，铁岭人收获满满。

2021年3月，铁岭市检验检测认证服务中心与铁岭农业发展集团有限公司签订战略合作协议，授权8家企业使用铁岭地理商标。"有了政府的支持，我们更有信心了。"驻扎铁岭的一家电子商务公司在签订"铁岭大米"地理商标使用合同后，立即排兵布阵，打出一套"互联网+龙头企业+合作社+基地+农户"的组合拳。该公司已在天猫、京东、拼多多平台开设铁岭大米拼购旗舰店，2021年的销售额截至目前已达到260余万元，网络市场的曝光率高达1.8亿次。在成功与山东一家公司签订年1万吨大米的订单合同后，公司负责人信心满满地说："我们有决心让'铁岭大米'跻身东北大米品牌前三甲。"企业的思维转变了，农户的观念也要更新。

2021年10月，我与铁岭市个体劳动者（私营企业）服务中心的同志一同参加辽宁省首届地理标志直播节，学习各地区通过直播带货方式宣传推介地理标志产品，带动本地区农民增收的宝贵经验。我们带着新思路回到铁岭为农户们"传经送宝"，为全市农产品电子商务发展添砖加瓦。我们还在筹备酝酿一件大事——为农产品办"身份证"。在调研中发现，很多农户还在为当地产品卖力吆喝时，另一些地区的地理标志产品已经有了"身份证"，产品包装上印有地理标志二维码，手机一扫，农产品的品种、产地、种植、采收、质检等信息全部映入眼帘。我们深受触动，着手推动建立铁岭农产品二维码溯源系统。这张"身份证"不仅能让百姓买得放心、吃得明白，更有利于推动铁岭市农产品行业朝着绿色、有机、安全的目标迈进。在今后的工作中，我们将进一步维护好、运用好、发展好铁岭地理标志证明商标这块金字招牌，推动铁岭市农业品牌走向全国市场，真正实现品牌强农、品牌富农。

（作者系铁岭市政协委员、民盟铁岭市委副主委、铁岭市检验检测服务中心副主任）

"盛京皇城"焕新颜

严文复

　　盛京皇城位于沈阳老城中心，由东、西、南、北顺城街路围合而成，是沈阳2300年城市发展史的空间浓缩，也是东北地区历史文化遗存最集中的区域。

　　建于公元前299年的盛京皇城始称候城，在明代易名为沈阳中卫。1625年，努尔哈赤奠都沈阳，并着手修建盛京宫阙。1627年，皇太极改建皇城，扩建城墙、拓宽护城河，改四门为八门，改十字大街为井字大街，完善内城规制。1680年，又在城外增修了盛京关墙和关门，最终形成了盛京城"城方郭圆、四塔相护"的都城城郭

格局。民国时期，皇城内又增添了张氏帅府等折中主义建筑，逐渐呈现出多元文化融合发展的特色。

作为沈阳2300年城市发展史的空间浓缩，盛京皇城历史遗存丰富：现存各级文物及历史建筑40处，其中文物18处，包括世界级文化遗产1处（沈阳故宫）、国家级文保单位1处（张氏帅府）、省级文保单位7处、市级文保单位9处。睿亲王府、都城隍庙、兵部、文庙、萃升书院等文物古迹遗址57处；仍存在的历史街巷67条，老字号和非物质文化遗产49项，包括民俗、手工艺、曲艺、医药、饮食等类型，是沈阳市历史文化资源最密集的街区。

自2004年沈阳故宫纳入世界文化遗产保护名录以来，沈阳市先后组织开展三阶段十余次规划设计。2019年，经过数位规划设计专家的反复研讨论证，《盛京皇城城市设计方案》在整合各类成果基础上，确定了盛京皇城是"沈阳历史文化传承中心、东北地区历史文化地标、国家级文化产业示范区、世界级旅游目的地"的目标定位。采用微改造这种"绣花"功夫，建立文化为核、远近结合、微更新型的历史文化街区精致建设管控体系，包括风貌传承、功能提升、景观成网、服务升级及交通优化 5 个方面；次年又编制了《盛京皇城总体风貌设计及提升完善规划建设指引》，形成规划建设管理工作手册，作为盛京皇城工程实施类工作的顶层设计。

在中街高品质步行街改造中，巧妙植入和点缀盛京传统文化符号，使 400 年历史老街重新焕发生机。中央里文化旅游景区将盛京文化元素融入街巷市井空间，融合餐饮、娱乐、体验、戏剧等功能业态，激活了盛京皇城市井文化生活。

盛京皇城的改造，还结合了数字孪生城市建设，高标准构建城市大脑和网格化管理体系，智能设备随处可见，5G 信号全覆盖，对中街地区客流量进行 24 小时不间断监测和预警。智慧化平台全方位服务，文化+旅游、文化+商业的全产业链发展，为旧皇城添加新智能。

改造后的皇城相继举办了"邂逅 1625"——皇城根儿文创集市、"2019 创生活"——首届中街文创集市、"时光荏苒 致敬未来"——皇城文创集市等系列文创集市，带来了文化的温度，提升

了沈城的热度。2021年10月4日，中街举办了为期3天的开街一周年"京华盛世　潮韵中街"沉浸式活动暨中街首届文化节活动，成为众多游客的热门"打卡地"。

作为沈阳的文化之魂，盛京皇城拥有沈阳故宫、张氏帅府、中街等旅游金名片，彰显着沈阳厚重绵长的历史文化底蕴，承载着沈阳人的城市记忆和浓浓乡愁。如今，焕新颜的盛京皇城吸引了海内外众多游客，带着悠久的历史走向崭新的未来。

（作者系辽宁省政协委员、沈阳建筑大学副校长）

赶一场 "非遗大集"

胡 楠

"古塔非遗市集开集啦！听说有好多非遗项目都在现场进行表演。"前不久，锦州百姓心心念念的古塔非遗市集如约而至，隆重开幕。

2021 年，锦州古塔夜市首创设立非遗市集，积极引入锦州非遗元素，全面展示非遗文化，引导市民认识了解非遗背后的魅力，赞赏非遗传承人的智慧和技艺，感受中华优秀传统文化魅力。

古塔夜市设置非遗展位 40 余个，既有入围国家级非物质文化遗产项目名录的锦州皮影、满族刺绣、辽西木偶戏，也有市、区级非遗保护项目锦州糖画、辽西大德堂、伊斯兰饭庄等。

穿行于集市间，非遗展位前人头攒动，老艺人讲述着皮影的制作过程、满族刺绣的工艺特点、中医治未病的精髓所在……小朋友们好奇地看着糖画、面人是怎么做成的，木偶是怎么能够自己动起来的……每个项目都以其独特的魅力吸引人们驻足观看，展示着厚重的历史文化积淀，记录着锦州及古塔文化的传承。

非物质文化遗产是锦州古塔区历史文化的重要组成部分。近年来，古塔区委、区政府加大非物质文化遗产保护和传承力度，通过开展非遗进校园、非遗进社区、非遗进企业等活动，让这一宝贵的文化根脉得以不断地弘扬和壮大。目前，古塔区已成功申报并保护的国家、省、市、区级非物质文化遗产项目达 14 个。2021 年，古塔区申报的"锦州皮影"成功入围国家级非物质文化遗产代表性项目

名录，新编创作的皮影戏《辽沈英雄梁士英》，成功入选辽宁省第一届地方戏曲小戏展演重点推介节目。

在传统文化与现代文化的交融中，锦州非遗文化逐渐走进百姓的生活，走进百姓的心里，实现了文化与经济的同频共振，为建设文化强区、文化强市奠定了坚实的基础。走，我们相约锦州，赶一场"非遗大集"。

（作者系锦州市古塔区政协委员、锦州市古塔区委宣传部副部长）

大连贝雕向新而生

李　爽

　　将传统艺术和现代元素完美融合的大连贝雕，让古老的贝雕艺术焕发出璀璨风采，成为展现魅力大连的亮丽名片。

　　大连贝雕工艺历史悠久。甘井子区营城子街道鞍子山积石墓出土的贝珠项链、文家屯遗址出土的贝壳饰品，说明早在4200年前大连先民就能用贝壳制作出精美的贝雕制品。营城子街道出土的41座贝墓再次印证，在两汉时期贝类已广泛用于人们的生产和生活。到

了明、清、民国时期，艺人们开始用贝壳磨成螺钿片镶嵌在家具、首饰盒上。1910年，一代宗师史玉兰利用手工工具，将海边出产的各类贝壳粘接、雕刻成一些贝壳饰品、盆景、小动物等，从此开启了现代贝雕时代，史玉兰也被尊称为"现代贝雕鼻祖"。

经过一代代贝雕人接续传承，接力棒传到了金阿山手里。年逾七旬的他是大连贝雕非物质文化遗产代表性传承人、全国贝雕行业中四名国家大师之一，也是该行业中唯一一名亚太手工艺大师。金阿山全面汲取多种雕刻技法，掌握了贝壳软化独门绝技，其"贝壳软化成型"工艺获国家科技进步二等奖，开启了后现代贝雕时代；其作品多次斩获国内大奖，贝雕《九龙壁》获得"2019中国首饰玉器百花奖"金奖，《貔貅》《如意》获得"2019中国首饰玉器百花奖"银奖。

高度重视贝雕技艺传统文化的保护与传承的大连市，大力实施"薪火相传"非遗传习所和基地建设，打造"文化传承+产业发展"的新平台，达到让传统工艺走出作坊，实现创造性转化、创新性发

225

展的目标。为守住传统贝雕工艺，传承"匠心"，重现繁华，在甘井子区政府主导和社会各界广泛参与下，2018年6月27日，大连工匠部落暨金阿山艺术馆在甘井子区落户，成为集研发创新、展览展示、旅游体验等功能于一体的文化艺术交流中心。2018年，金阿山艺术馆被授予"大连市级非物质文化遗产传承基地"荣誉称号。

2019年，大连贝雕纳入辽宁省非遗名录；2020年，辽宁省轻工业联合会授予甘井子区"辽宁贝雕之乡"轻工特色区域荣誉称号。2021年4月，大连在北京恭王府博物馆成功举办以"贝阙天工 万物更新"为主题的辽宁省省级非遗代表性项目——大连贝雕精品展。通过面向全国游客展示大连贝雕的精湛技艺，大力宣传大连贝雕的文化特色，有效提升大连贝雕工艺品牌知名度和影响力，为全面推动贝雕产业深度发展奠定深厚基础。

万木葱茏，向新而生。大连贝雕这一传统的文化产业站在了新的历史高度，焕发出新的生机活力。今后，大连将全面发掘、整合全市贝雕行业的资源，加大贝雕技艺保护和传承力度，扩宽贝雕产品研发创新思路，让大连贝雕工艺品牌走向全国乃至世界。

（作者系大连市政协委员、大连市甘井子区文化和旅游局局长）

家门口的"绿色提款机"

孙柏野

"柳壕河治理工程干得漂亮！不仅上游河水干净了，柳壕河湿地公园的环境也更好了。游客越来越多，村里老百姓的收入随之增加。大家都说好风景、好生态就是他们的'绿色提款机'。"在辽阳市辽阳县柳壕镇工作的县政协委员乔宏伟兴奋地说。

其实，这只是辽阳县沿河生态环境变化的一个缩影。2021 年，

辽阳县政协围绕"生态宜居城市建设"开展专题视察，建议加大河流管控力度，有序修复沿河生态环境，打造水清岸绿的沿河生态景观。县委、县政府对县政协建议高度重视，多措并举加强河流水环境整治，取得明显成效。"主要领导亲自挂帅担任总河长，牵头抓好全县河流管护工作。"辽阳县当地老百姓提及父母官的责任担当，纷纷竖起大拇指。辽阳县建立了县、乡、村三级河长制体系，6位县级领导分别担任重点河流河长，同时任命乡镇河长11人，村级河长59人。按照"政府领导、河长负责、部门联动、属地管理"原则落实责任、确定任务，县级河长定期巡河，协调解决河湖管理、保护和治理的重大问题，建立由乡镇河长、村级河长、水管员、保洁员以及专职巡查人员组成的巡查队伍，负责具体管护工作，每周至少巡河3次，发现问题立即处理。与此同时，辽阳县还制订《河长制实施方案》《重点流域水污染防治规划》等一系列规范性文件，建立巡查、监控和预警一体化管理体系，对河湖违法行为进行常态化监管。

恢复沿河生态环境，治本清源是关键。辽阳县以"水岸同治、源头管控"为原则，委托具有专业资质的环保公司采用高科技手段开展河道未知污染源勘察及沿岸工业企业检查，封堵取缔各类违规排放口1100余处、关联污染源2300余处，清理河岸垃圾3万余吨，大幅削减进入河道的污染物总量。目前，辽阳县大型规模养殖场全部配套粪污处理设施装备，实现雨污分流、干湿分离，达到"三防"标准。相关部门划定重点河流沿河300米内限养区，严控污染物排放，彻底解决河流周边畜禽养殖粪污直排河道问题。

经济发展离不开项目支持。辽阳县把清理河道"四乱"、河道垃圾等管控工作"打包"纳入积极争取中央环保专项资金、省专项资金、省地债资金的工作之中，围绕兵马河等4条重点河流实施综合

治理工程，共清理河道垃圾 4.1 万立方米，修建生态护坡 80.9 万平方米，泥底修复 4.4 万平方米，清理河道田地 706 亩，河道环境明显改善。

如何让人民群众共享绿水青山带来的经济效益？辽阳县政协把目光锁定在建设人工湿地上，将其作为河流管控的重要举措，带动湿地旅游产业发展。目前，北地河湿地景观初具规模，柳壕河湿地被认定为省级湿地公园、国家 AAA 级景区。柳壕河湿地公园内现有各种珍稀动物 233 种、珍稀植物 103 种，年接待游客 100 万人次，产值达 300 多万元，成为柳壕镇经济新的增长极。如今，周边村民可以在湿地公园打工，也可以在湿地公园商业区售卖特色农产品，经济收入明显增加。大家在分享"绿水青山"红利的同时，河流保护意识也随之提升，纷纷加入到河流管控志愿者队伍中。

（作者系辽阳市政协委员、辽阳市辽阳县政协主席）

看本溪营商环境之"三变"

白晓秋

我从小在农村长大,对家乡本溪清新的空气、芬芳的泥土有着特殊的情感。大学毕业后,一直为生计而奔波,少了和大自然的亲密接触,生活变得索然无味,心中萌生了回农村创业的念头。

说干就干。经过学习考察,我决定以纯粮原浆白酒生产为突破口,在山沟里打造绿色产业链。上游连接生态种植业,下游连接生态养殖业——既能为乡村振兴贡献一份绵薄之力,也能过上自己向往的生活。说起来容易做起来难。创业过程中遇到了许多的磕磕绊

绊，但也有许多令我感动难忘的事情，让我切实体会到营商环境日趋向好的变化。

服务速度之变。我的酒厂创建于 2017 年 10 月，那时候还没有实现"一网通办"。对于第一次创业的我来说，手续怎么办理，去哪儿办理，脑子里都是空白。我先后跑到当地街道办事处、村委会、市场监督管理所去咨询，又通过民心网进行咨询，在溪湖区市场监督管理局电话答复中，才了解到酒厂手续的申报流程和相关事项。如今，随着政务服务的完善，这种困局早已不复存在。2021 年酒厂生产许可延期，通过辽宁政务服务网提交申报材料，一天就将所有手续都完成了，既高效又便捷。

服务内容之变。以前，企业通过商标代理公司申请一个类别商标需要花费 2000 元钱。现在，本溪市市场监督局考虑到很多企业有申请商标的需求，向企业提供商标申报注册服务，只向企业代收 300 元商标注册费，真是省心省力省钱。许多创业者都为政府部门的有力举措点赞，都说相关部门的工作人员有能力、有温度，真心实意为企业服务。

服务态度之变。近年来，相关部门的领导经常主动上门提供服务，到企业进行调研视察。疫情期间，民革本溪市委与溪湖区统战部组成调研组，来到白家沟开展小微企业复工复产情况调研，就企业生产经营情况和今后一段时期的发展进行座谈交流，并对企业未来发展进行指导。我真是特别感动，又一次感受到政府部门在优化营商环境工作中，上下联动、齐抓共管，想方设法为企业排忧解难的信心和决心。

创业氛围浓郁、创业空间广阔、营商环境一流的本溪人杰地灵、物产丰富、充满生机。我希望更多的外地朋友能到本溪走一走、看一看，能到本溪投资兴业谋发展。本溪一定会成为您实现自我价值和梦想的最好舞台。

（作者系本溪市溪湖区政协委员、本溪市溪湖区白家沟纯粮土酒坊总经理）

数字经济的协商加速度

岳君年

2020 年初，新冠肺炎疫情突然发生，全球生活生产秩序受到严重冲击。在疫情影响下，在线办公、在线教育、网络会议、数字打码等数字技术的广泛应用，有力支撑了抗疫活动，也为数字经济发展带来契机。2020 年，我国数字经济增速是同期名义 GDP 增速的 3.2 倍，数字产业一枝独秀。

如何在大变局下危中寻机？如何在数字技术和市场驱动中找准城市产业方向？在中共大连市委统战部协调下，民革、民盟、民建、民进、致公党、九三学社等民主党派与大连市委联合行动，组织专家学者组成联合调研组，就大连如何加快数字经济发展建言献策。

上海、杭州等发达城市发展数字经济的经验是什么？大连市数字经济的底数怎么样？大连数字企业的优势在哪里？带着这些问题，课题组联系相关城市，找到主管部门，走进软件信息服务和电子企业，开展大数据分析，召开研讨座谈会，克服疫情不确定性带来的几次工作中断，历时半年形成汇报材料。

"要强化顶层设计，加强数字基础设施建设；要软硬结合、内外结合、技术和市场结合促进数字产业化；要加大 5G 场景应用和工业互联网建设形成产业数字化优势……"课题组负责人、民革大连市委专职副主委徐经意代表课题组做全面汇报。

"数字经济中数据是关键，整理、挖掘和应用好数据资源是基础，成立市场化的城市大数据运营公司十分迫切。"民建成员、瀚闻咨询董事长童友俊结合近 20 年大数据应用从业经验，提出了自己的看法。

"大连具有本土化生产设计芯片新材料和设备的软硬件人才和产业优势，要结合解决卡脖子问题制定专项人才政策。"民革成员陈将俊是海创周引进的专家，他和他的创业伙伴们长期在海外顶级芯片企业工作，对如何引入和留住数字产业人才提出独到见解。

"建议具有系统性、前瞻性和可操作性……"大连市市长陈绍旺在协商会上作出中肯评价。2021 年 1 月，市督查办专门向课题组反馈，报告 14 条建议被市政府采纳 11 条。

"政党协商这个平台好，我的建议被采纳，大连数字企业发展环境不断优化，人才优势正在显现。这两年，我的企业在解决电子资

料卡脖子问题方面取得突破，产值正呈几何级增长。"陈将俊如是说。

2021 年 7 月 22 日，2021 中国国际数字和软件服务交易会在大连举行。大连市领导向与会代表宣布了大连市支持数字经济发展 10 条政策，每条政策含金量极高。会上还推出了总投资 1383 亿元的数字经济产业项目，规划建设具有全国影响力的"大连数谷"，拟建成中国北方算力最大的大连人工智能计算中心……

政党协商的新举措为大连市抢抓机遇发展数字经济助力、加速，履职正当时！

（作者系辽宁省政协委员、大连市政协副主席）

政务服务的"阜新样本"

李春艳

在市政协组织的视察中，我和其他委员一同体验了阜新市政务服务中心的一流设施、一流机制、一流效率和一流服务：别致的大厅设计、宽敞的办公环境、热情的服务态度、完善的配套设施……作为全省首创的政务服务体系，阜新市政务服务中心给我最直观的感受就是全新、用心、便捷、高效。

这座刚刚投入使用、面积为 2.4 万平方米的政务服务中心，一楼是医保、不动产登记和 24 小时自助功能服务区，二楼是社保、住房公积金、公证、"党建+营商"文化功能区，三楼是行政审批服务区、中心办公区，四楼是公共资源交易服务区。在视察中我们欣喜地看到，文印、照相、书吧、超市、母婴室、银行等便民服务点分布于各公共服务区域。优化的功能区设置，最大限度地做到便民利企。

据介绍，阜新市已申请政务服务事项 100% 进厅上网，90 项政务服务事项实现全市通办。人社局、医保局、自然资源局、公积金等 4 个市级自建服务系统分别与市一体化政务服务平台实现对接。医、学、住、行、生、劳、病、养等 51 项高频刚需事项接入"辽事通"，政务服务事项实现掌上办、指尖办，彻底实现了由"群众跑腿"向"信息跑路"的跨越式转变。

"最多跑一次"展示的是办事效率，体现的是干部实干担当，增强的是群众获得感，提升的是群众对政府的满意度。为实现企业群

众办事"上一网、填一表、进一窗、找一人、办一次",相关部门推出"一件事一次办"主题服务。值得一提的是,在推进工程建设项目审批制度改革过程中,阜新市完善项目前期审批服务、事中企业行为监管、事后信用评价的"三位一体"综合审批监督管理系统,审批时限由90个工作日压缩至不超过60个工作日,最短8个工作日,成为全省第一个实现工程建设项目全流程无差别综合受理、审批的地级市。

目前,阜新市多部门联办"一件事"上线运行项目数量达到103个。以办理新生儿相关手续为例,以往需先到辖区派出所申报落户,审核通过后还需带纸质材料在医保和人社部门间跑三四次,要提交多套材料,填写多个表格,审批时间至少32天。现在只需带好材料到市、县两级政务服务中心"一件事一次办"窗口,通过政务服务网申报后5天即可办结。

行而不辍,未来可期,优化营商环境永远在路上。作为政协委员,我们也将继续发挥好自身作用和优势,围绕提升良好营商环境精准建言,为阜新市转型振兴发展贡献政协智慧和力量。

(作者系阜新市政协委员、阜新市疾病预防控制中心综合部部长)

东北制药破 "茧" 成蝶

路永强

"东北制药" 很古老，拥有 75 年历史，被誉为我国民族制药工业摇篮；"东北制药" 很年轻，它是沈阳市唯一混合所有制改革试点企业。

1946 年 9 月 1 日，"东北制药" 的前身——东北卫生技术厂在佳木斯市正式开工投产。1949 年，工厂迁至沈阳。这是中国共产党在解放东北后创建的第一个红色制药厂。

　　新中国成立以来，"东北制药"援建全国 19 省市 52 家医药企业，输送各类干部人才 1300 多人。它还创造了制药工业的一个又一个纪录：试产成功国内第一个工业化生产的合成抗疟药；建成投产国内第一个化学合成抗生素合霉素车间；走出了中国化学制药工业企业第一位工程院院士、被誉为"中国头孢第一人"的安静娴；诞生了维生素 C、氯霉素、维生素 A、丙炔醇、盐酸金刚烷胺、化学全合成盐酸黄连素等多个"中国第一"……不仅填补了国内空白，更满足了人民群众的用药需求。

　　一路走来，与光荣和梦想交织的是发展过程中的阵痛与困惑。受思想观念僵化、体制机制落后、历史包袱沉重等一系列因素掣肘，"东北制药"和许多老国企一样陷入困顿，出现连年巨额亏损的状况。身经百战的"东北制药"人没有退缩。2018 年，他们成功引入战略投资者辽宁方大集团，全面植入"敬畏制度、严格执行"的管理方式及"全面覆盖、全程监管"的风控体系，从源头破解老国企经营权责不清、思想上等靠要、工作效率低等痼疾，破除体制机制障碍，全面开启破"茧"成蝶之路。

　　进行混合所有制改革的第一年，"东北制药"企业营业收入和净利润比混改前同期分别增长 31.54% 和 64.04%；员工人均月收入同比增长 61.81%，并在原有的"五险一金"基础上，新增 9 项员工福利，让员工充分共享企业发展成果。

　　今天的"东北制药"已站在高质量快速发展的新起点上。在深入挖掘现有医药品种潜力的同时，企业正向干细胞、单抗等国际前沿生物创新药领域进军，全面提升产品竞争力和效益水平。通过混合所有制改革，"东北制药"走出了舒适区的"茧"，成为适应市场竞争的"蝶"。

　　（作者系沈阳市政协委员、沈阳东北制药装备制造安装有限公司副总经理）

"老泥匠"的镌刻人生

杨　杰

　　朝阳红土泥塑于 2011 年 7 月被纳入辽宁省第四批非物质文化遗产项目名录。红土泥塑距今已有 5000 多年历史，它融北方少数民族与华夏汉民族的文化题材和创作风格于一体，对研究中国美术史、雕塑艺术史、美学史、思想史以及文化人类学史，有着无可替代的科学价值。

　　"泥人孙"全名孙玉恩，出生于辽西三燕古都朝阳。他从小喜欢

玩泥巴，常做一些小动物、小泥人等。幼时，他在佑顺寺游玩，还给塑神像的师傅打过下手。1998年，他开始从事刻章生意，闲暇时开始做泥人。2000年寻师访友，在朝阳找到了师傅魏国贤父子，从此跟着师傅学习和泥、淋泥、掺麻、砸泥、塑大像、绑架子、作品着色等技艺。他严格秉承红土泥塑传统技艺，坚持采取朝阳红土，在继承传统的泥像雕塑基础上不断创新，形成自己独特的艺术风格。他的泥塑作品注意形态刻画，造型适当夸张，表现技法精练，色彩纯朴、深厚，具有浓郁的乡土气息，作品多以当代笑星、明星、民间表演艺术为主，作品多达7000多件。

2010年5月，孙玉恩参加上海世博会辽宁展区的展演活动，使朝阳红土泥塑制品与世界五大洲的游人见面。2012年，他跨出国门，到俄罗斯的北方重镇伊尔库斯克，在贝加尔湖畔的城中艺术馆展示了中国的泥人，其中普京泥像被中国领事馆收藏。2014年7月，朝阳红土泥塑在全国第九个文化遗产日辽宁省非物质文化遗产展示展演活动中荣获银奖。

孙玉恩经常参加各种惠民活动，积极响应"非遗项目进校园"

的号召，带着泥人走进学校、幼儿园，为学生展示泥人并教他们动手做泥人，传播泥塑文化和技艺。

（作者系朝阳市朝阳县政协委员、朝阳县建设工程档案室副研究馆员）

与矿井气说再见

左贵环

2021 年 10 月 20 日，对抚顺市民来说是一个值得纪念的日子。这一天，抚顺结束了 112 年城燃矿井气历史，全面进入"天然气时代"。

抚顺矿井气的使用可追溯至 1909 年。它是全国第三个拥有管道燃气的城市，使用时间仅晚于上海、大连。2000 年以后，由于矿井气气源量的逐年减少，抚顺市城燃矿井气的使用陆续出现困难，甚至出现了"用气难，吃饭难"的情况，部分地区只能定时供气。加之抚顺燃气管网建设时间较长，设施设备老旧，很难满足现如今的用气需求。为此，推进城市天然气建设，实现城市燃气可持续发展，成为抚顺市委、市政府的重点工作之一。2015 年，抚顺正式启动管道天然气置换工作。由于抚顺管网老旧，为置换工作增添难度。承担此项任务的抚顺中燃城市燃气发展有限公司面对问题不回避、不推脱，深入调查研究，仔细分析困难原因，寻找应对措施，组建置换团队，制订规范翔实的置换方案，并对置换过程进行全面的风险评估。仅用 858 天，抚顺中燃集团置换近 17 万户——这是抚顺天然气置换中最艰难的 17 万户，啃下了整个天然气置换过程中最难啃的"硬骨头"。在天然气置换过程中，中燃集团坚持"安全、服务、进

度"同时抓。在对老旧管网进行改造的同时，努力改善了管网安全环境，有效确保施工和广大市民用气安全。

新冠肺炎疫情期间，抚顺中燃集团运用新工艺、新手段补充气源，确保节日和关键时期安全稳定供气，还积极主动配合企业复工复产，提出"一企一策"方案，针对不同用户情况，采取具体问题具体分析、先保供后收费等举措帮助企业恢复生产，得到用户的广泛好评。

（作者系抚顺市政协委员，抚顺中燃城市燃气发展有限公司党委书记、总经理）

我为祖国"兴"石油

邹　君

辽河油田 51 年的发展史,是一部产业报国的拼搏奋进史,也是一部勇攀高峰的科技创新史。

在被誉为"地质大观园"的辽河盆地上,辽河石油人始终牢记"我为祖国献石油"的初心使命,大力实施"科技兴油"战略,创新无限、敢于超越,从 1970 年早春拉开会战序幕,到 1973 年跨入百万吨行列;从 1980 年宣布辽河油田建成,到 1986 年突破 1000 万吨;从 1995 年达到 1552 万吨历史最高峰,到即将连续 36 年保持千万吨规模稳产,将"黑色血液"源源不断地注入国家经济大动脉,

建成了全国最大的稠油、高凝油生产基地。

51 年来，辽河油田累计生产原油 4.9 亿多吨、天然气 890 多亿立方米，上缴利税费 2900 多亿元，切实履行了国有骨干企业的政治、经济、社会"三大责任"，为保障国家能源安全、盘锦市建设辽宁全面振兴全方位振兴先行区贡献了"辽河力量"。

回望发展历程，无论是储量产量的持续增长，还是效率效益的稳步提高，都离不开科技创新这个攻坚利器——筑牢了千万吨稳产生命线，书写了敢为人先的"辽河奇迹"。

打造增储稳产利器

辽河油田依托国家能源稠重油研发中心和重大科技专项，创新形成蒸汽驱、SAGD 等 12 项国际领先优势技术；变质岩潜山高效勘探开发技术，填补立体井网部署设计的国际空白，引领了国内外潜山内幕勘探开发。其中，蒸汽驱技术实施深度拓展到 1400 米，打造了世界首个中深层工业化汽驱示范区；引进创新 SAGD 技术，开创了国内外中深层超稠油油藏开发先河……依靠 6 项关键技术，成为世界 4 个火驱商业化开发代表之一，建成了国内最大的火驱开发基地。四大领域 48 个系列 306 项单项技术、28 项国家级科技进步奖，为高质量发展提供了强有力的科技支撑。

打造低碳环保利器

坚持"绿水青山就是金山银山"理念，辽河油田将绿色转型作为推进企业发展的必由之路，攻关完善注采机理等关键技术，建设国家级天然气调峰中心——辽河储气库群，最高峰日采气量可满足 6000 万家庭、50 万台出租车或 100 万台燃气公交车一天的用气需求。

通过推广遥感等绿色环保勘探新技术和新方法、科学利用化学驱工艺提高采出水回用量、全面开展油泥"清零"行动等，实现用生态底色描绘绿色发展。二氧化碳辅助稠油吞吐技术年可回注二氧化碳 5 万多吨——相当于 2000 亩森林一年吸收的二氧化碳量。

打造智能物联利器

在加快数字化油田建设步伐中，完成 3372 口井、214 个中小型站、2 座联合站的数字化。通过应用勘探与生产技术数据管理、油气水井生产数据管理、采油与地面工程运行管理等系统，为 241 个勘探开发项目研究提供数据支撑，实现了 3.3 万口油气水井生产数据共享和采油与地面工程 63 类业务流程的信息化管理。

迈上新征程，辽河油田将致力于推动油地"联动发展、协同发展、共赢发展"，围绕"十四五"末油气当量实现 1200 万吨以上的

"加油增气"总目标，精心做好"三篇文章"，大力实施"六项战略工程"，更好地将科技创新优势转化为高质量发展优势，在资源型城市和资源型企业转型过程中，更好地彰显"辽河价值"。

（作者系盘锦市政协委员，辽河油田公司党委宣传部部长、企业文化处处长、新闻办公室主任）

从污染源到生态园

吴海洋

　　鸻鹬（héng yù）是地球上迁徙距离最远的候鸟。每年 10 月，它都要飞越欧亚大陆，到大洋洲或北美洲繁衍。美丽的海滨城市葫芦岛是鸻鹬万里迁徙的重要一站。而这座城市，也像勇敢前行的鸻鹬，在风雨历练中不断超越自我。

　　2021 年 7 月，由兴达集团投资兴建的大型灵意雕塑"鸻鹬探海"在山河半岛小区落成。身披盔甲的鸻鹬刚劲灵动，兼有具象与抽象之美，吸引市民和游人前来参观打卡。谁也想不到，山河半岛小区所在地曾经是锦西水泥厂旧址，十几年前，这里浓烟滚滚、粉

尘漫天，是葫芦岛地区最大的粉尘污染源。

锦西水泥厂始建于 1939 年，2000 年以后经改制由兴达集团运营。然而，企业高耗能、高污染、高排放的问题严重，落后产能不仅制约企业的发展，排放的粉尘和有毒气体也给周边群众的健康和生活带来严重危害。群众要求水泥厂搬迁改造的呼声越来越高。2008 年，葫芦岛市政协经过深入调研后，提出了《全面实施水泥地区搬迁改造》的提案，建议淘汰落后产能、建设高标准生态小区，将"污染源"变成"生态园"，市委、市政府高度重视，将搬迁改造水泥厂列为当年改善民生的十件大事之一。兴达集团担起地区搬迁改造的重任，2008 年 7 月正式打响锦西水泥厂整体搬迁的战役。

2009 年，在远离市区的寺儿堡镇，一座年产水泥 200 万吨、高效环保的新型干法水泥生产线拔地而起，渤海水泥浴火重生。如今，"渤海牌"水泥享誉全国，粉尘、二氧化硫、氮氧化物的排放指标全部达标，工业废水循环利用，实现零排放，成为辽宁省水泥行业首家通过安标一级验收的企业，被辽宁省工业和信息化厅评为"绿色工厂"。

与此同时，在水泥厂旧址废墟上，按照高标准规划、高质量建设、高效能管理的原则，一座超 100 万平方米的"山河半岛"复合

地产项目陆续开工。如今，蓝天白云之下，水穿街巷、绿树掩映、鲜花簇拥，住宅、商铺、园林交错，山河半岛小区已成为宜居、宜业、宜游的"美丽家园"。

2021 年 7 月，兴达集团投资兴建的山海艺术中心在山河半岛小区正式落成，举办了"山海扬嘎，圈外灵意——传统文化与当代艺术展""天籁山海，大音告白——室内合唱音乐会""梦幻灯光嘉年华""浪漫樱花 & 油纸伞主题艺术文化美食节""小丑嘉年华"等系列活动。同时，城市列车主题文化带状公园、"城市书房"正在积极推进。多层次的文化活动滋养着市民心灵，塑造着城市气质，推动着文明城市的创建和城市经济的转型。

鸬鹚探海，当惊滨城蝶变。从污染源到生态园，再到文化新地标，这是葫芦岛市把人民对美好生活的向往作为奋斗目标而坚韧不拔、勇毅前行的时代缩影。

（作者系葫芦岛市政协委员、民建葫芦岛市委专职副主委）

汤河新城迎飞腾

戎必硎

如果说锦州像一颗璀璨的明珠镶嵌在环渤海经济圈上，那么太和区则如一条绚丽的彩带环绕着锦州主城区，而太和区内规模最大的新兴工业园——辽宁汤河子经济开发区，正蓄势待发，在新形势下实现新的腾飞！

汤河子，因一条温泉河流"汤河"而得名。地热温泉汩汩涌流，寒冬不冻、鱼儿畅游，尽显生机与灵气，清朝初年被纳入锦州八景，

定名"汤水冬渔"。1940年，这里建立了"锦州制铁所"，专门生产锰、钼、铬、钛、钒等稀缺合金元素；新中国创立初期，建设成为锦州铁合金厂。在此基础上，锦州市又相继把新上马的大型纺织、造纸、重型机械等企业摆放在汤河子，从而形成东北工业基地中一个功勋卓著、享誉全国的重要工业组团。

如今，遵循"产城一体、集群优先"发展思路的汤河子经济开发区，通过降成本、科技政策扶持、政校企合作、5G智慧园区建设等方式优化营商环境，实施"太工计划"，引进培育优势项目，助力企业创新驱动能力提高。2020年，孵化出省内首家科创版上市企业。驻区规模以上企业22户中有6户高新技术企业，其中有2户属瞪羚型企业。

在这里，"老字号"钛及特种金属产业实现集群发展，形成了超200亿级钛以及特种金属产业集群。"新字号"半导体新材料产业不断延伸，成为全球最大尺寸电子级硅晶棒的主要供应地。"原字号"装备制造产业不断壮大，长泽精工、东洋电机、广林特装、抚挖锦重、万得包装、锦渤机辆等新老公司在汽车零配件、医药包装、特种车制造领域内均具备一定市场占有率。

历史，曾经见证汤河子老工业区往日的辉煌；历史，如今又赋予汤河子产业区崭新的无限的发展机遇。2021年9月27日，汤河子经济开发区化工园区成功获批，成为锦州市唯一一家省级化工园区。中信钛业的投资45亿元新增年产30万吨钛白粉项目将成为首个入园项目，有望壮大为真正的头部企业，引领化工园区向打造辽宁（锦州）新材料产业基地迈出最为坚实的一步。

一池汤水，见证着产业区复苏崛起的脚步。一片沃土，袒露着汤河人真挚坦诚的期盼。一份机遇，等待着创业者慧眼独到的眷顾。

（作者系锦州市政协委员、锦坤文化传媒有限公司总经理、锦州娇芙阆美容养生会所总经理）

这个英语角坚持了 15 年

林国娟

    英语角作为英语口语训练的第二课堂，曾经在各大城市、高校风靡一时，如今有些已经消失。然而，在本溪市文化广场，却有一处坚持了整整 15 年的英语角。

    这个英语角是由本溪市政协委员、市实验中学英语教师杨秀峰发起的。在教学中，杨秀峰发现因为没有英语口语交流的环境，许多家长不得不把孩子送到专门的机构去培训。于是，2006 年，他创

立本溪市英语角，为英语爱好者提供交流平台，并进行免费辅导。

英语角发起之初，杨秀峰的想法很简单：英语角组织起来后，大家来这里自由畅谈即可，无须过多组织。然而，实际情况并非如此。杨秀峰不来，别人就不来。杨秀峰不发英语材料，别人就不知道怎么说。于是，杨秀峰默默坚持着，为英语爱好者提供周到的服务。

15年来，杨秀峰编撰印刷英语学习材料几十万份，免费发放给英语爱好者。英语角不仅在活动的策划、组织上下功夫，而且邀请很多知名的专家、翻译、外教和留学归国人员为大家讲座。志愿者从他一个人发展到十多个人。英语学习材料从单一的实用句子发展到形式多样的英语谜语、绕口令、分级阅读等。活动的形式从单纯的自由谈，发展到专家讲堂、英语游戏、阅读竞赛以及寻宝活动。在杨秀峰的带动下，志愿者们为英语角的发展付出了大量的时间和心血。他们分文不取，义务奉献。印刷费用、宣传费用、志愿者团队建设费用也都由杨秀峰个人承担。从英语角走出了很多优秀的英

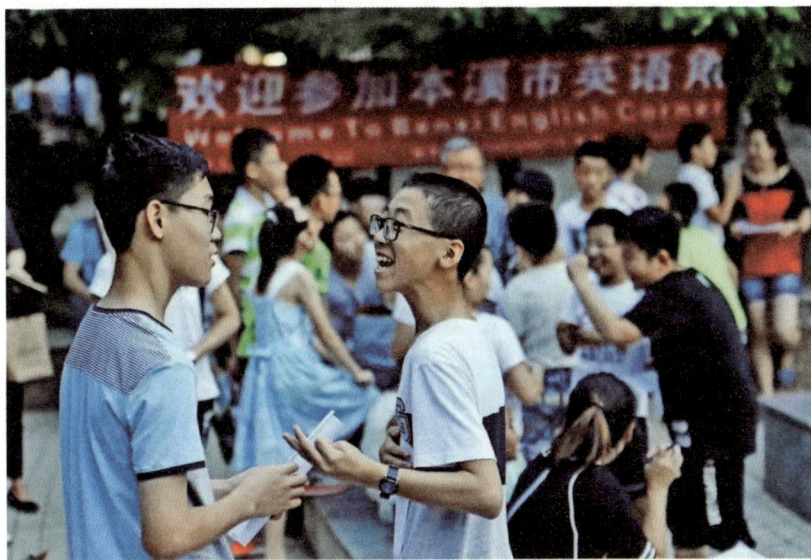

语爱好者，有些现就读于北京大学、清华大学、香港浸会大学、香港理工大学和华盛顿大学等名牌高校。这些优秀的大学生每年暑假都会回到英语角，与大家分享自己在外学习的收获和见闻。

15 年前，杨秀峰发起英语角出于兴趣爱好。如今，英语角是他的社会责任。他怀着一份使命感去影响人、改变人，让更多的英语爱好者了解世界、走向未来。

（作者系本溪市政协委员、本溪市政协教育科技卫生体育委员会副主任）

湾湾川村的美好生活

唐 华 张月竹

三八妇女节这天，本溪市桓仁满族自治县雅河乡湾湾川村村委会大院非常热闹：十对婆媳互相蒙上眼睛，根据体貌特征和熟悉的感觉，猜出哪个是自己的婆婆，哪个是自己的儿媳妇。活动现场，不时爆发出阵阵掌声和欢笑声。这就是湾湾川村党支部举办的"猜婆媳"活动。

这个国家级少数民族特色村寨是远近闻名的文明村、富裕村，也是远近闻名的和谐村、幸福村。村子开展移风易俗活动，治理村容村貌，在党员服务责任区活动中建立民意直通车，尽量将群众提出的建议和反映的问题解决在基层，矛盾化解在基层，保持村里的稳定和谐；开展以尊老爱幼、男女平等、夫妻和睦、勤俭持家、邻里团结为主的家庭美德宣传教育，弘扬以文明礼貌、助人为乐、爱护公物、保护环境和遵纪守法为主的社会公德宣传教育，实现村里的其乐融融。村子还树立了"爱家邦、建家园、传家风、睦家邻"的村训，制定《村规民约》，整理出 35 条特色家训，弘扬社会正能量；开展"五好家庭""十星级文明户"和"身边的榜样"先进典型评选，在村宣传栏"先进模范光荣榜"展示。"猜婆媳"和"好婆婆""好媳妇"评选就是每年三八节的特色活动。

　　文明祥和的文化生活在村里蔚然成风。村里购置了投影仪、音响设备、电脑、图书，还有篮球、乒乓球、单双杠等健身器材，活跃村民的业余文化生活。农闲时节茶余饭后，村民都到广场锻炼身体。他们还自发成立了秧歌队和文艺宣传队，目前有 6 支文艺队伍，其中秧歌队成员达到 140 人，每逢节日或大型活动，到文体广场参加舞蹈和扭秧歌的能达到 300 余人。村里还为舞蹈队购置健身舞蹈服装及舞蹈扇，令群众的情操得到了陶冶，生活增添了几多乐趣。村里几位 80 多岁的老人，以前总在家看电视，现在天天锻炼身体，身体比以前硬实多了。空余时间里，村民们都去锻炼身体、演练节目、学习知识。

　　为挖掘湾湾川村悠久深厚的历史文化，增强村里的文化影响力和文化凝聚力，村委会还请本溪市文化名人编撰《湾湾川村史》《湾湾川的故事》《中国美丽乡村湾湾川村画册》；请桓仁版画创作团队进行高标准的手绘文化墙建设；请乡贤名流创作《湾湾川村村歌》，每逢节假日都自编自演一些群众喜闻乐见的文艺节目。

这个兼具"生态美、生产美、生活美、服务美、人文美"的五美乡村，先后被授予"全国文明村镇""中国生态文化示范村""中国美丽宜居村庄示范村""国家法治文明村""全国乡村治理示范村""全国旅游示范村"等荣誉称号。

冬日大雅河畔，一片静谧的湾湾川村时而传来欢声笑语，村民们享受着冬天的快乐，等待着幸福的春天。

（唐华系辽宁省政协委员，本溪市恒通国有资产投资控股有限公司董事长、总经理；张月竹系辽宁省政协委员、省基督教协会会长、东北基督教神学院副院长）

贴心的"金融管家"

谭淑萍

企业发展过程中最需要的就是资金。"感谢党委、政府帮助我们解决资金等问题，成就了企业的发展。"这是大连科德数控掌舵人、光洋科技集团董事长于德海常挂在嘴边的一句话。

作为国内罕见的拥有"五轴数控机床+高档数控系统+关键功能部件"完整产业的民营科创企业，科德数控实现了我国高端数控装备的进口替代，降低了我国核心领域对进口设备的依赖。2020年，公司决定投资29亿元建设大连智能制造装备产业园，将原来的1万平方米厂房扩充至4万平方米，但资金问题一直没能得到有效解决。大连市金融发展局了解情况后，多次深入企业现场办公，帮助企业熟悉科创板上市标准和相关规则、辅导备案相关要求，协调相关部门为企业开具各类证明、完善相关手续等，最终帮助企业成功在科创板上市。这个成功案例只是大连市金融发展局帮助企业破解资金瓶颈的缩影。指导推动企业科学选择上市板块，及时启动上市进程，优化"企业上市绿色通道"机制，做好企业规范工作……市金融发展局推出的一系列"组合拳"，让许多企业在上市路上少走了弯路。大连连城数控是国家火炬计划重点高新技术企业，董事长李春安在介绍公司上市过程时说："进入精选层企业，不仅要在极短的时间内

准备好申报材料，还需要解决二期项目在土地方面的问题。情急之下，我们找到市金融发展局寻求帮助，他们立即牵头协调市证监局、文旅局等主管部门，妥善处理了棘手的问题，又帮助我们联系各个主管部门，在非常短的时间内出具了所有的合规证明，把我们挂牌的障碍全部扫除了。"

近两年，大连抢抓机遇，不断推进金融赋能产业，深化金融资本与企业深度融合，共计推进 6 家企业上市，实现股票融资 26.64 亿元。目前，大连市拟上市企业库中还有包括生物制药、先进制造、新能源新材料、信息技术等新兴产业在内的近 300 户后备力量，其中不乏独角兽、瞪羚、雏鹰企业。为推动这些企业尽快上市，大连市金融发展局已经举办了上市培训会百余场，上市推进会近百次，推动成立了上交所、深交所服务大连基地，还建立了企业上市"专班制""服务秘书制"。

牢固树立"服务企业就是服务发展"理念，大连市金融发展局

265

瞄准企业成长中的金融需求，用专业服务放大效应，跑出了资本扩容"加速度"，让企业切实感受到放心、贴心、暖心的服务，进一步增强了发展的信心。

（作者系大连市政协委员、大连市金融局副局长）

"归巢行动"引凤归

夏玉华

2021年，"丹东东港开展人才'归巢行动'助力乡村振兴"案例获得第五届全国人才工作创新案例"最佳案例奖"。这是辽宁省唯一获此殊荣的创新案例。案例背后的故事，值得我们思索和回味。

试点种"苗"显活力

为破解人才制约瓶颈，激励更多优秀年轻人才返乡归乡，2020年3月，东港市率先开展人才"归巢行动"，为人才返乡归乡架桥铺路。

首先在小甸子镇建立工作试点。2020年3月1日，小甸子镇正式发布招聘公告，招聘本科及以上的东港户籍毕业生，经培训后担任村书记或村长助理，工资按照村"两委"委员工资标准发放。半个月时间内，成功招录硕士研究生1名、本科生2名。

硕士研究生国竞文，毕业后在沈阳市工作。经过镇党委的宣传动员，她回到家乡成为"归巢"一员。国竞文通过网络直播发展电商产业，帮助村民销售草莓、蓝莓等本地特产。她与男友承包3个草莓大棚，刻苦钻研草莓种植技术，在提高大棚产量的同时，帮助村民解决许多技术难题，带动村民共同致富。

267

　　在 3 个月的试用期里，3 名"归巢"学子都发挥了较好的作用，为东港市人才"归巢行动"的全面推进提供了宝贵经验。

真心真金求贤才

　　试点的成功让东港市委组织部更加充满信心。他们制订方案，明确每村至少选聘一名大学毕业生，通过 3 年左右时间实现村村都有大学毕业生；把"归巢行动"开展情况列入各单位人才工作考核指标，要求各乡镇、街道每年度选聘大学生数量不少于行政村总数量的三分之一；财政部门每年给予每位返乡本科生 2 万元、硕士研究生 3 万元补贴。东港市制发了《"归巢行动"到村任职高校毕业生管理办法》，每年开展评选和表彰活动，激发"归巢"大学生的工作热情；为"归巢"大学生回乡创新创业提供资金支持，助力"归巢"大学生积极创业。

人地双赢三变化

人才"归巢行动"带来了3个变化：干部队伍年轻了，选聘归巢大学生220人（其中研究生4人，"双一流"大学10人，留学生2人，平均年龄28岁），目前全部在村任职。产业发展提速了，"归巢"大学生中，23人在本村拥有草莓、软枣、蓝莓等产业，36人带头进行电商销售，用学识和智慧带领乡邻走上"致富路"。乡村治理现代化了，"归巢"大学生回村上岗后，能够找准定位，快速融入，针对农村生活垃圾处理、生活污水治理、村容村貌整治等方面存在的问题，积极出谋划策，有力推动了乡村各项事业发展。

东港市用实际行动为辽宁创业发展做出最精彩的注解——这是一方孕育无限生机的沃土，只等有志干事的你来！

（作者系丹东市政协委员、东北华森建设工程有限公司法人兼总经理）

"大红袍" 火了大石桥

王 磊

营口大石桥市周家镇的大红袍李子家喻户晓。1993年，周家镇大沟村村民崔显铎发现李子芽变品种，这是大红袍李子的"前身"。经过多年培育发展，如今它已成为大石桥市乃至营口市东部山区的重要支柱产业。我曾多次随政协视察组到周家镇调研李子产业发展，并结合地方特色品种保护、农业标准化生产技术支持、农村电商发展等方面提出意见和建议。

　　为了能让大红袍李子香飘全国，大石桥市委、市政府没少下功夫：与辽宁省果树科学研究所开展深度合作，先后引进营口市大石桥李子高效栽培科技特派团、营口市大石桥果品贮藏保鲜科技特派团、营口市大石桥特色果品商品化提升科技特派团等，在周家镇周家村建立了标准化示范基地，为李子种植的各环节提供技术保障，提升果品生产能力和贮藏保鲜能力，实现产品的优质优价。与此同时，大石桥市制定《大红袍李子优质栽培技术规程》，严格规范生产管理，初步实现果园生产管理全过程追溯，为大红袍李子质量安全保驾护航。2019年，大红袍李子获得北京世园会优质果品大赛银奖；2020年，"大石桥大红袍李子"获批农业农村部地理标志称号，并于同年入选"全国乡村特色产品和能工巧匠名录"。

　　大自然馈赠了大石桥美味的礼物。可农民的致富之路却因"礼物"的种植区远离城镇而被阻断。前些年，许多农户并不知如何增加销售渠道，李子成熟之时只能等闻香进村的水果商贩进行定价收购，在扣除生产和人力成本后农户并没有得到更多的实惠。为了努力提升市场竞争力和产品附加值，大石桥市先后举办了"农创联""营货出营""云上农民丰收节"等大型网络直播活动，以大红袍李子为切入点，以"公司+农户+基地+电商平台+乡村旅游"为新的产业发展模式，进一步促进农业与旅游产业、农产品与电子商务深度融合，搭建了名优特产品宣传推介的快车道，实现了农民的增收致富。

目前，大石桥大红袍李子已远销至北京、上海、广东、福建、云南、甘肃等省市，深受广大消费者青睐。"现如今，我们的李子价格已经涨到 20 元一斤啦！"说起这事，农户们喜上眉梢。

（作者系营口市政协委员、大石桥市政协副主席、九三学社营口市委副主委）

河滩公园又"上新"啦！

秦伟伟

　　东洲街道地处抚顺市东洲区东部，拥有 8.2 万人口，是东洲区人口最多的街道。作为老旧城区，东洲街道仅有的几座公园因年久失修、设施老旧、缺乏维护管理等原因，内部杂草丛生，柏油路面破损。这严重影响了周边的环境，无法满足当地居民休闲娱乐的需要。

　　有诉求就有回应。东洲区政协立即征求周边群众意见建议，组织委员实地开展调查研究，以提案的方式向区政府提出沿东洲河东岸建立湿地公园的建议。提案引起了东洲区委、区政府的高度重视。

2011 年，区政府设专项资金建设湿地公园，做到"当年立项，当年开工，当年使用"，并将公园命名为河滩公园。公园占地总面积 221 公顷，涵盖生态湿地保护、野生动植物保育、科学知识宣教、健身休闲娱乐、服务管理等五大功能，成为居民运动锻炼、休闲健身的好去处。

转眼间，河滩公园已建成 10 年了，公园运动场地面出现褪色破损，很多设施也不能发挥原有健身、休闲、运动的作用。针对这些问题，东洲区政协再次向区政府提出建议，对河滩公园体育健身及休闲运动设施进行改造。

2021 年，河滩公园改造工程全部完成，公园的内涵进一步丰富：新园区运动场包括足球、篮球、排球、轮滑、网球、羽毛球、乒乓球等运动健身场所。其中，乒乓球场地成为全市最大规模的室外露天乒乓球运动场地；雷锋广场投入使用后已成为弘扬雷锋精神的打卡地；湿地文化公园更是成为东洲区一张亮丽的名片，吸引游客前来观光游览。

现在的河滩公园还开设地摊夜市，活跃东洲经济，方便群众生

活。每到夜幕降临，公园内灯光璀璨，人流如潮，歌声、笑声、吆喝声不绝于耳，好一派欢乐祥和的场景。家住附近的老人们幸福地说："区政协建议提得好，区政府实事办得好，我们每天都能在河滩公园散散心、跑跑步、唱唱歌、跳跳舞，生活充满了快乐。"

（作者系抚顺市东洲区政协委员、抚顺市东洲区东洲街道工委副书记）

生物农药的路有多远

吴　刚

1996 年，我去美国考察，到一位朋友家做客，朋友亲自驾车去几十公里远的地方买"无公害蔬菜"，还告诉我说，越来越多的美国人周末驾车跑几十公里去乡下农庄买"无公害蔬菜"。我不明白何谓"无公害"，详细询问后才知道这是个生活新时尚、消费新概念，心中萌生了成立生物农药企业的念头。

当时中国消费市场还没有明确的"无公害蔬菜""绿色环保"概念，但是我相信随着经济发展一定会走这条路！经过两年多的反复论证，我创办了沈阳东大迪克生物药业有限公司，邀请沈阳农业大学、中科院沈阳应用生态研究所的科技人员做后盾，负责产品研发，我负责招聘组建销售队伍，进行市场开发。

开拓市场是个大难题，因为菜农不认同。当时菜农使用的都是化学农药，农药一喷，害虫都杀死了，立竿见影，但是农药残留物附在蔬菜上面，没办法去除。生物农药利用驱避原理来防治害虫，喷药后，害虫或者不敢来，或者逃走，同植物不发生关系，不污染环境，无农药残留。在菜农看来，虫子没死说明药效不行，即使真的好，价格也高，不划算！从 1998 年到 2002 年，沈阳东大迪克生物药业只有投入没有产出，正业集团旗下其他几家企业赚的钱也都搭了进来。

市场的转折发生在 2002 年，这一年暴发了"非典"。这场灾难让人们认识到环境保护是多么重要，"绿色食品"才是健康的不二选择。也是这一年，人们开始寻找"无公害蔬菜"，"绿色食品"开始畅销。辽宁和山东等地向日本出口新鲜蔬菜，在入关检验时被查出某一种农药的残留物严重超标，出口的蔬菜全部被退回，菜民们损失惨重。沈阳东大迪克生物药业的科技人员到山东省寿光县和辽宁省的蔬菜产区，向菜农传授生物农药使用技术。到采摘季节，日本采购公司的人亲自来检验，所有指标均符合日本要求，全部出口。不久，种植出口蔬菜的农民纷纷找上门来。2003 年，沈阳东大迪克生物药业迎来春天，公司销售业绩扭亏为盈。

广阔的市场空间鼓励了企业科技研发，也滋生了众多投机者。很多厂家冠上"生物农药"的帽子，推销假冒伪劣产品，市场秩序相当混乱。沈阳东大迪克生物药业的团队依靠丰富的经验，一方面摸索并形成了卓有成效的"推广+代理+直销+特许经营"四位一体的产品销售模式，迅速在国内高端果蔬市场占据优势地位；另一方面，加大新产品研发投入，印楝素生物农药产品、苦参碱生物农药产品和 DK-2 线虫生物防治农药产品均达到国际先进水平，同时积累了很多生物农药产品的实验数据。

2006 年 6 月，全国首届生物农药技术研讨会在沈阳举办，300多名国内外专家出席。会议的成功举办，加大了生物农药项目示范推广力度，推进了示范推广的进程。沈阳东大迪克生物药业有限公司作为生物农药生产企业中的龙头企业承办会议，得到了外国专家现场指导，提升了国际知名度及生产水平。为了切实加强无公害蔬果生产技术的推广应用，对蔬果主要病虫害防治实施无害化治理，公司在沈阳市苏家屯区白清寨乡台沟村建立了生物农药示范基地，采用"公司+基地+农户"的管理模式，大力推进印楝素在农作物病虫害防治上的示范推广作用。通过示范基地的试用情况来看，药效明显且无农药残留，农产品可按国家 A 级绿色食品进入市场，极大地提高了农产品的价值，扩大了产品的市场竞争力。生物农药除具有杀虫、杀菌作用外，还具有肥料及植物生长调节剂作用。仅此一项，蔬菜亩产可增产约 100 斤，按一般蔬菜均价 2 元/斤计，也可增加 200 元，完全可以抵消用药的费用。同时，药效期长，一般化学农药年使用 8~10 次，而生物农药使用 4~6 次就足够，从而降低了用药成本，为农民增产增收创造了可靠的条件。

生物农药的出路在于产业化，出口在于市场化。生物农药在维护农业生态平衡和促进农业健康可持续发展等方面发挥着积极作用，我们应提高生物农药的市场竞争力，加快生物农药产业化步伐，让绿色健康蔬菜成为老百姓的日常供应品。

(作者系辽宁省政协委员、沈阳东大迪克化工药业有限公司董事长)

积淀百年的军工热土

方昆仑

    中国航发沈阳黎明航空发动机有限责任公司是一家有百年历史的企业。

    从 1919 年起,它历经了奉天军械厂、东北三省兵工厂、奉天造兵所、兵工署第九十工厂的变迁,直到 1948 年 11 月 2 日沈阳解放,工厂回到党和人民的怀抱。1954 年国营 410 厂建厂,在随后的两年间,来自祖国四面八方的 8883 名第一代创业者响应党和毛主席的号

召来到沈阳，投身到新中国第一座航空喷气式发动机工厂建设中。大家仅用101天和66天就完成了两大主体厂房的土建工程，在人拉肩扛的年代，创造了奇迹。国家打开国库支援工厂建设，只要能造出飞机发动机，设备随便挑，挑完再算账。1956年10月，仅用了一年零六个月，410厂基础建设全部完工，建成了新中国第一个喷气式航空发动机工厂。第一代创业者在满目疮痍的旧工厂"白天进厂房，夜晚进课堂，吃饭在食堂"，在极为艰苦的环境下完成了基础建设、型号仿制和改进改型。涡喷5发动机作为新中国第一代第一种国产涡喷发动机，是一种离心式、单转子、带加力式航空发动机，也是当时世界上最先进的航空发动机。首台涡喷5发动机在1956年6月2日试制成功，开始投入批量生产，黎明公司因此被誉为"新中国喷气式航空发动机的摇篮"，新中国航空发动机产业从此跻身喷气时代。

老照片记录了公司成立后筚路蓝缕、栉风沐雨的发展历程，更

记录了黎明与新中国共同成长的难忘岁月。作为新中国第一家航空涡轮喷气发动机制造企业，黎明始终承载着国家与人民对祖国航空动力事业的期盼与厚望。未来五年，要打赢科研生产重点任务攻坚战，推动航空发动机上台阶、上批量；要打好创新超越攻坚战，突破新一代具有世界先进水平的航空发动机关键技术；要打响质量管理水平提升攻坚战，打造过硬质量品牌、扭转严峻形势；要打好自主研发能力建设攻坚战，实现自主创新战略转型；要打胜深化改革攻坚战，加快对标世界一流，壮大发展新动能……

在经济全球化迅猛发展的今天，面对全面实施振兴东北老工业基地的重要战略机遇，沈阳以其优越的地理位置、雄厚的工业基础及科技实力、完善的市场体系和发达的交通网络，必将成为中国最具吸引力的投资地区之一。黎明公司与沈阳同行百年，沐浴在历史长河之中，见证着沈阳之变。

（作者系沈阳市政协委员、中国航发黎明财务管理部派驻燃气轮机公司财务总监）

共荣的盘锦人

王尚君

　　新兴的港口城市盘锦，是东北重要的石油化工城市，也是全国著名的生态文明城市。它依山向海、踏川拥河，辖区内有 30 多个民族、100 多万人口。在这片平坦开阔的热土上，新的盘锦人心往一处想，劲儿往一处使，倾注了青春和热血，凝聚了共荣精神，形成了拼搏奋斗的生动局面。

　　盘锦的共荣精神与城市的移民史息息相关。明清时期，晋、冀、

鲁、豫等地"闯关东"移民因田庄台、双台子等地水运发达而云集停留：仅田庄台镇就有大小商号 200 余家，码头泊船近万只，还出现了"九庙同镇、五教共处"的现象；二界沟的渔民像春来秋往的"鱼雁"，成就了二界沟小渔村的兴旺。1965 年至 1990 年，伴随着"南大荒"的开发建设，有 43.29 万人迁入盘锦，有 14 万知青支援盘锦。无论因商旅流动谋生于此、因开发建设转战于此、因怀揣梦想投身于此，还是因军转复退安置于此，共荣价值取向蓄积了开发建设的智慧力量，铸就了这座城市崛起的符号。

伴着共荣精神，盘锦的经济实现跨越式发展。清朝末年，"挑河治水"使双台子河两岸人畜兴旺，盐碱贫瘠的土地得到改良，种植

业、商业、手工业和航运业迅速发展。解放后，双台子拦河闸、200公里防洪大堤、100多座排灌站的修建，使全市百万亩稻田和120万亩苇田得到了灌溉，成就了中国米中珍品盘锦大米和世界最大的芦苇荡。盘锦的工业也从解放前的铁匠炉、银匠炉、酿酒厂、榨油厂的作坊，蜕变为采油、炼油、化肥、化纤、塑料等现代工业体系，石油之城、湿地之都、全国文明城市、全国平安城市已成为盘锦亮丽的城市名片。今天的盘锦，城乡居民人均可支配收入五年来保持全省前三；建设全国重要石化及精细化工产业基地取得重要进展，辽河油田、华锦集团、辽河石化等大企业压舱石作用日益稳固，兵器精细化工及原料工程等重大项目前期工作顺利推进，石化产业精细化率由30%提高到35%，辽滨沿海经济技术开发区连续三年跻身全国化工园区30强；高新技术企业数量增长3.7倍，新材料、新医药、新能源、数字经济等新动能快速集聚。现代服务业蓬勃发展，东北电商物流园成为国家物流示范园区……

　　共荣精神是盘锦人最纯厚的精神品格和最深层的价值追求。作为东北少有的人口净流入城市，盘锦人均GDP居全国地级市排行榜第30位，营商环境便利度走在全省前列，30万吨原油码头即将投入使用，港口吞吐量年均增长10.8%。聚焦"一带双创""一轴五城"城市布局，生态立市、工业强市、以港兴市三大战略，盘锦正在与锦州、营口协调建设辽河三角洲高质量发展试验区，唱响建设辽宁全面振兴全方位振兴先行区主旋律。

　　在这片平坦开阔的土地上，共荣精神让灵感自由驰骋，让智慧扬起风帆，让梦想插上翅膀！

　　（作者系盘锦市政协委员，盘锦市政协党组副书记、副主席）

责任在心　荣誉在身

石　硕

天来村坐落在铁岭市西丰县县城 45 公里外的北部山区。这里青山之间郁郁葱葱，山坡地头果树成林，果农的笑脸映衬着丰衣足食的美好生活：全村果树种植面积 9200 亩，年产值 1800 万元，人均年收入过万元。然而，曾经的天来村是个贫困村，12.6 平方公里的地域面积，荒山坡地占了 10.7 平方公里；村民人均 2.6 亩地，收入较低。村党支部书记、村委会主任付宝库作为致富的领头雁，带着天来村实现了沧桑巨变。

想在前面的带头人

2010 年天来村换届选举前，付宝库已在外地打拼多年，赚了不少钱。眼见家乡父老想致富没门路，他心里很是着急。经老书记推荐和自己思想斗争后，他决定回村参加竞选。满票当选的他，想干的第一件大事就是让村民尽快富起来。通过走访考察和反复思考，付宝库悟出一个理儿：要想富，上山栽果树是条路。说干就干，他组织动员村民栽果树建果园。看到怕赔钱的村民犹豫，付宝库就对他们下了保证："如果谁家果园赔钱，我个人给他补上。"喊破嗓子

285

不如打个样子，他带头在自家承包的山上栽了几百亩果树。干部带了头，群众跟着走。几年工夫，全村果树产业快速发展，目前已达到 9200 亩，年产水果 1350 万斤，销售收入实现 1800 万元。果农年增收 2.1 万元，产业脱贫取得实效。

干在前头的领路人

为了让果树产业在脱贫攻坚中发挥更大作用，付宝库领衔创办了合作社。合作社现有社员 162 人，其中有 47 户贫困户入了社，凡是栽果树的贫困户，合作社包给树苗，付宝库还手把手教技术。为了解决销售难题，村上成立了水果批发市场并建了 4 栋冷库。合作社先后建起 30 栋温室大棚，栽上大樱桃等水果，成立了采摘园，修了 3.7 公里观赏作业路，发展乡村旅游业。通过果树产业，村民实现脱贫增收致富。

走在前面的践行人

"村民选我当干部，我就要为村民办实事。"付宝库是这样说的，也是这样做的。他多次去县水务局协商，终于让全村人都吃上了自来水；村里路况不好，他就多次争取，全村大街小巷都修上了水泥路。修桥、路边墙和边沟，建文化广场，安路灯，栽风景树，天来村不但变富了也变美了。

当上村官以来，付宝库没在村里拿过报酬，他的心全用在老百姓身上，谁家有困难他都到场帮助解决。2016年，天来村摘掉贫困帽子，186户421名建档立卡贫困户全部脱贫致富。付宝库不仅得到了村民的拥护，更得到了组织认可，获得了"辽宁省优秀党务工作者""全省脱贫攻坚先进个人"等荣誉称号。2021年7月1日，天来村获"全国先进基层党组织"称号，付宝库代表村支部在北京接受表彰并参加了在天安门广场举行的建党百年庆典。责任在心，才能荣誉在身。无比踏实的付宝库无比自豪，以更勤奋的工作带领村民过上越来越好的生活。

（作者系铁岭市西丰县政协委员、西丰电视台记者）

华山村的华丽转身

刘　刚

　　我是北镇市华山村土生土长的农民，亲眼见证并亲身参与了华山村的发展变化，感受着它从昔日远近闻名的贫困村到如今热门旅游"打卡地"华丽转身带来的震撼和惊喜。

　　北镇市城北 30 公里，有一个形成于辽金时期的千年古村——华山村。每逢春夏之交，来来往往的游客或是登坡爬岭，体验山野奇趣；或是泛舟戏水，欣赏沿岸风光；或是进宅入户，品茗赏月，感受农家之乐。在华山村，自然风光与人文历史和谐共生，传统民俗

和现代服务有机融合，昔日的贫困村脱胎换骨，成为旅游热门"打卡地"。

几年前，华山村还是省级贫困村，全村 199 户 553 人，建档立卡贫困户 48 户 73 人，年人均纯收入不到 2000 元。近 5 年来，北镇市围绕"两不愁三保障"拓展产业扶贫新模式，开辟脱贫增收新思路，华山村和北镇市其他贫困村一道，实现了从贫困到富庶的华丽转身。

华山村的大山里有很多野生中草药，地理环境非常适合中草药的种植。2017 年，华山村在北镇市有关部门的支持下成立了中草药合作社，村里自筹资金 16 万元，扶贫资金注入 17.2 万元，贫困户在合作社里打工，成功带动 8 户 13 人脱贫。华山村争取省扶持村集体经济项目资金 200 万元建立了葡萄酒厂，对村民种植的优质葡萄进行深加工，2019 年末为村集体增加收入 5 万元。对村里的传统历史文化进行充分挖掘和保护，华山村入选第四批"中国传统村落"名录名单，争取上级资金 300 万元翻建修缮民居、重修村路、治理古河道、种植景观树，为发展乡村旅游打下了基础。

村两委为实现富民强村的目标，积极联系锦州市和北镇市对口包扶单位及相关部门为华山村注入资金 42.5 万元新上了光伏发电项目，带动 18 户 30 人脱贫，每人每年增加收入 800 元；村里成立了助农服务公司，收购粮食、水果等农副产品对外销售，带动 22 户 30 人脱贫，人均年增收 1000 元。2019 年，锦州市推广资源变资产、资金变股金、农民变股东的"三变"改革，华山村依托独特的自然风光与人文环境，全力打造"村集体+农业+旅游"的"三变"模式，成立了北镇市传统村落康养旅游有限公司，预计可实现年收入 100 万元。

目前，华山村以荣膺"天门山古村落国家级 AAA 级旅游景区"

为新起点，整合资源，抢抓机遇，进一步强化环境整治和管理服务，不断提升景区建设的标准化、规范化、科学化水平，增强景区的亲和力、吸引力和竞争力，努力成为引领北镇旅游业发展的排头兵，争创国家全域旅游示范区的农旅"龙头"。

（作者系锦州北镇市政协委员、锦州市北镇市大市镇华山村村主任）

让不可能成为可能

郭永全

在辽宁自贸试验区中,大连自贸试验片区占比最大,产业功能与产业集聚水平更高——在这里,更开放的政策为传统制造业企业提供了政策创新的赋能空间。我所要讲的,就是一家已近资不抵债的企业通过"委内加工"的制度创新又"起死回生"的故事。

成立于2001年的大连海尔电冰箱有限公司,是海尔集团进行全球战略布局的重要组成部分。它的产品出口欧洲、美洲、中东、亚太等130多个国家和地区,主要为美国市场提供汽车旅馆适配的小型冰箱。2010年以来,受制于国际市场遇冷和贸易壁垒影响,产品

292

毛利率不断下降，开始出现严重亏损，2014年亏损达数百万元。2015年已近资不抵债，明确提出撤场计划。

在一次调研中，大连保税区海关了解了大连海尔电冰箱有限公司的情况，通过"辅导员"制度为企业提供政策辅导。在这个过程中，双方都意识到委内加工业务有可能救活企业。但都不知道这个业务具体怎么开展，更谈不到如何在全球通行的海关监管体制内实现监管机制的再造。大连海尔电冰箱制造小微与大连保税区海关组成了考察小组，4天内走访了厦门、上海自贸区和宁波市，学习了委内加工业务的实现流程、关键环节和创新细节。回程的路上，工作人员通过关键环节的分析，并综合了多种业务模式，提出了大连海尔电冰箱制造小微的二次开发"委内加工"业务的可行性建议。

随后，大连海关及驻保税区办事处、保税区管委会等相关部门协助大连海尔电冰箱在最短时间内获得了开展"委内加工"业务的资质。从单向出口到出口加内销"两条腿走路"的大连海尔电冰箱，创新潜能被彻底激发。回忆起这个过程，制造小微总工程师这样说："不可能的事都让做了。""只能向前。"制造小微实现了系列技术创新和管理流程再造，在关键技术创新、管理流程再造的基础上实现了总装线奇迹般的落地、生产；大连保税区海关也实现了在百余年全球海关规范监管体系基础上的监管模块升级，大量中小企业从中获益。

创新绩效很可观。企业首先实现了传统制造业企业的扭亏为盈，2019上半年，企业盈利744万，"抢"到了20万台立式柜出口订单。在一系列关键技术创新的基础上，企业两年之内实现了两条总装线在后发工厂的落地和生产。利用"两头在外"的传统优势和升级的设备、技术，2020年，企业在日本大冰箱市场占有率飙升第一。

见证了大连海尔电冰箱制造小微和大连市自贸区的"神奇"工

作，海尔集团将原定于其他地区上线的高水平产品生产线转移到大连自贸区。制造小微不只实现了奇迹般的扭亏为盈、技术改造和产品升级，更为海关监管体制机制、体系系统的升级打破了壁垒，为出口加工型保税区内大量的同类企业提供了可参照的创新路径，直接盘活了大连保税区的制造业存量——让不可能成为可能。

（作者系辽宁省政协委员、本钢集团有限公司运营改善部副部长）

南村美景创富来

宋 阳

　　十一黄金周期间，大连市农民丰收节启幕。坐落在旅顺口区水师营街道小南村的七彩南山景区又一次呈现宾客盈门的景象。

　　绿树掩映中的七彩南山景区，宛若明珠熠熠生辉。作为全村集体经济为主导的支柱性产业，七彩南山景区每年接待国内外游客上百万人次，创造经济收入近亿元。景区从开始营业至今已十余年，十年磨一剑，"磨"出了全国乡村旅游重点村、全国休闲美丽乡村。

2002 年以前，小南村在体制转轨、社会转型的时代变革中经历着艰难抉择，最终村"两委"决定依托旅顺丰富的历史文化和旅游资源以乡村旅游发展集体经济，确保农民增收。十数载经营，小南村精心打造的七彩南山景区，真正成为"奇幻王国"。全国首家太空植物展馆中，曾搭载"神舟六号"上过太空的 20 多种作物种子，经几代培育繁衍和再驯化，如今在这里长出奇异的果实。这里还建有东北地区规模最大、品种最多的蝴蝶文化园，漫步林间可以看到来自世界各地的上万只珍奇蝴蝶蹁跹炫舞。

　　互动和科普是七彩南山景区的核心竞争力。2020 年，景区通过主打亲子游新增"乡村嗨翻天"儿童体验项目，推出南瓜节、丰收节、鸳鸯蝴蝶季等主题活动，变过去单一门票收益为多点经营创收——在旅游业遭遇最严峻危机的一年里，创造了全年收益不减的营销业绩。2021 年，小南村依托现有文化旅游资源，依托七彩南山景区，于 3 月和 7 月分别举办了"庆祝建党百年系列活动之蝴蝶兰花卉展"和"国家非遗项目打铁花"表演，实现旅游收入 120 余万元。小南村乡村旅游产业始终焕发着勃勃生机：率先在全省推出集体资产股份量化模式，原籍村民均可享受股份分红和实物分红，村里推出了村民免费领取十年水暖气补助，60 岁以上老人每月发放100 元至 200 元不等的补贴，为动迁老人缴纳城乡居民医疗保险，村民每年免费体检、免费游览景区等一系列惠民举措。如今，乡村旅游产业已成为小南村的支柱产业，村民人均年收入提升至 2.6 万元，村级可支配财力 1260 多万元，景区解决了当地 300 多名剩余劳动力的就业问题。乡村旅游发展为改善村民生活提供了资金，而美丽乡村建设的不断完善又给乡村旅游提质升级回馈着更大发展空间。小南村按照美丽示范村标准建设村容村貌，美化优化居民民宅，修建村屯道路和采摘路，铺设村内旅游木栈道，亮化、绿化工程也连年加大投入。山水无言自成画，一方水土一方人。小南村人正在用勤劳和智慧的画笔描绘更加美好的七彩愿景。

（作者系大连市旅顺口区政协委员、大连市旅顺口区水师营街道办事处主任）

做好企业的贴心人

王　辉

在"亲商营商鞍山美赞"活动中，市政协带领各界别委员深入企业了解实际困难，为企业支招献策。作为一名市政协委员，我深感责任在肩，使命光荣；作为一名经营者，我深刻体会到党委政府对企业的关心爱护。

鞍山科技大市场于2016年4月成立，采用"民办公助"的运营管理模式，通过政府引导、市场配置、模式创新、政策支撑、服务

集成，为创客、创业企业、科技工作者、科技企业搭建包括政府服务、研发设计服务、技术转移服务等服务体系。

目前，入驻 UP 众创空间的创业企业、创客共 300 家，基地内企业从业人员 1600 人。通过集聚人才、设备、技术、成果、资金等创新要素，构建一套科技创新综合服务体系，推动科技创新发展。通过优化科技服务，扶持创新业态发展，我们与交通部公路研究所合作研发了道路交通标线材料抗开裂性测试仪、道路标线涂料流动度测试系统，行业标准已完成并已公示审批，同时拥有两项产品的发明及实用新型专利共计 4 项。创新开发"道路交通标线材料抗开裂性测试仪"属国内首创，以嵌入式多 CPU 为内核，开发激光距离监测系统、拉伸系统及传动系统的控制，实现标线涂料开裂性快速分析，提供分析速度及指导上游企业把控产品质量，这些成果填补了国内外在该领域的研究空白。

通过推广"供应贷"模式，与融资授信密切相关的信用信息归集共享，鼓励金融机构创新信贷产品和服务、优化信贷审批流程，

破解银企信息不对称问题，提升了信用支持金融服务实体经济质效。利用科技大市场优化科技服务优势，利用大数据分析"互联网+供应贷+大数据"的中小微企业供应贷新模式，推进中小微企业供应贷改革，形成具有特色的"供应贷"金融服务平台，助力中小微企业融资新模式，在有效缓解中小微企业融资难题、促进惠民便企、优化营商环境等方面取得了良好成效。截至 2021 年 11 月，供应链金融服务平台入驻金融机构 10 家，服务企业 120 家，累计发放贷款 1.2 亿元。

几年来，鞍山科技大市场荣获"省级创新创业示范基地""辽宁省产业技术创新综合服务平台""辽宁省技术转移示范机构""南京—鞍山科技成果转化服务中心""鞍山市创业孵化园科技大市场园区""鞍山市高新创新载体"等荣誉称号，已成为鞍山市技术创新和成果转化的加速器、科技产业发展的助推器、科技资源统筹利用的聚变器。

（作者系鞍山市政协委员、鞍山科技大市场有限公司董事长）

把实事办到百姓心坎上

毕 超

在"我为群众办实事"活动中,辽阳市辽阳县通过"6+5+3+1"工作模式,累计为群众办实事突破 1.4 万件,让群众得到看得见、摸得着的实惠。

集中力量办实事

辽阳县聚焦"为群众排忧解难""为企业和群众服务""加快乡村振兴""改善人居环境""帮扶困难群体和特殊群体""增强广大群众文明意识、法制意识、安全意识"6 个重点,为企业和群众解难题。目前,成立了建设项目指挥中心,建立了微信服务平台和项目指挥系统,优化再造审批服务流程,缩减微观管理事务和具体审批事项,实行全程"店小二"式服务。目前,工程建设项目已实现"只提交一次材料"。投资 1 亿元的辽阳同鑫环保项目从洽谈到落地仅用 3 周时间,大大提振了企业投资发展信心。

为民办事重长效

为群众办实事要解决一批实际问题、化解一批矛盾纠纷、建设

301

一批民生工程、落实一批惠民政策、建立一批长效机制。"红鲜椒庭院种植项目特别好，让俺们在家就能挣钱。"辽阳县河栏镇玉石村村民常秀艳高兴地说。辽阳县妇联免费提供红鲜椒秧苗，协调技术人员上门指导，与农事企业签订收购协议，帮助玉石村等 13 个村 201 户村民发展庭院经济，让农村妇女在家门口致富。甜水乡水泉村把修路作为"第一件实事"，成立了由 50 多名村民组成的修路义工队，维修拓宽村路，去除了当地百姓出行难这块"心病"。

明细管理促落实

通过制订"我为群众办实事"引导性项目清单，列举出 100 条实事案例，找准工作的切入点。刘二堡镇前杜村把提升草莓产业收益、做强乡村旅游作为办事清单上的"1 号实事"，大力发展优质草莓最新品种，聘请国内知名专家讲授新型种植技术，村民的草莓收

益增加近三成。同时，大力发展乡村旅游。2021年8月2日，前杜村入选第三批全国乡村旅游重点村名单，成为"国字号"旅游目的地。

志愿服务暖人心

辽阳县政协机关干部成立党员先锋队，利用周末休息时间深入唐马寨镇宣传疫苗接种知识，配合医护人员做接种信息登记、统计等辅助工作，累计动员群众接种疫苗7000多剂次；县人大机关党员干部集资1万元资助贫困学生上大学；河栏镇上麻屯村党员胡金红帮助村民发展冷棚西瓜300多亩，带动村民增收300多万元……"我为群众办实事"体现在点滴小事和细微之处，群众感受到了来自身边的温暖。

民之所望，政之所向。全县将持之以恒地开展好"我为群众办实事"活动，以群众满意作为工作的出发点和落脚点，把实事办到百姓心坎上。

（作者系辽阳市辽阳县政协委员、辽阳市辽阳县政府办副主任）

治生态美家乡

孙学超

田成方，路成网，山上树木葱郁，山下林果茂盛，沟道内塘坝座座相连，游玩采摘的人们穿梭其间，构成了一幅山、水、田、林、路、人相得益彰、和谐美丽的风景画。这就是朝阳凌源市的安杖子——在一心治理生态、富民美家乡的故事中，曾经的穷山恶水转变成现在的绿水青山。

要治理生态，先要保水土。凌源探索出了一条具有独具特色的水土保持之路。依山就势、自上而下、大搞水保拦蓄工程，山沟建谷坊、修塘坝；河道搞护砌、设截潜，结合路边沟排水建设集雨池、

蓄水闸等工程。大力实施各种形式的坡改梯工程，让跑水、跑土、跑肥的"三跑田"变成保水、保土、保肥的"三保田"。对荒山裸岩大不宜人工造林区域，采取封禁措施，实施生态修复工程。

一心谋治理，生态花常开。在加强水土保持生态建设的同时，加强了监督管理工作。2011年8月，凌源代表辽宁省顺利通过水利部松辽委验收，获得全省首批水土保持监督管理能力建设县第一名，基本实现水土保持方案审批、监督检查、设施验收、规费征收、案件查处工作"五规范"，水土保持方案申报率、实施率和验收率得到不断巩固与提高。通过推动水土保持"三同时"制度落实，督促生产建设单位投入水土流失防治资金1.2亿元，防治水土流失面积近1.8万亩，有效遏制了人为新增水土流失。

昔日穷山沟，今日美家乡。经过多年治理，水土流失得到有效控制，生态环境明显改善。许多综合治理后的小流域内植被茂密、空气清新、水源洁净，野鸡、野兔等野生动物时常可见，荒山秃岭成了人间仙境。

"土不下坡、清水出沟、坡坡产金、沟沟流银"是治理的目标。

通过采取"水保搭台、政府导演、部门唱戏、全社会参与"的建管体制和"政府引导、上级支持、市场运作、全民参与"的资金筹措方式，凌源市针对不同区域，因地制宜，在有效保护好流域内水土资源前提下，优化调整农业种植结构，高效利用水土资源，发展生态产业，土地生产率显著提高。山清了，水秀了，各乡镇街又依托各自生态资源优势，发展生态游、休闲游、民俗游等，许多过去的"不毛地"变成了绿满山、果飘香的"花果山"，人不断、车马稠的"观光园"。水土治理区的群众深有体会地说："水土保持让我们穷山沟变绿了、美了、富了。"

（作者系朝阳市凌源市政协委员、朝阳市凌源市水务局副局长）

不一样的彰武

姜博文

我曾去过 3 次彰武，每次的感受都不相同。

6 年前，我第一次来到彰武。转了很多地方，印象最深的是土地风蚀沙化严重。后来得知，彰武县与"八百里瀚海"之称的内蒙古科尔沁沙地毗邻，全县沙化面积曾经达 524.2 万亩，占全县总面积的 96%，占全省沙化面积总量的四分之一，是辽宁省最大的风沙区。早在几十年前，这里就是风沙肆虐、灾害频繁的黄沙瀚海。彰武县的东南方向是以沈阳为中心的辽宁中部城市群。按 7 级至 8 级风速计算，彰武的沙尘仅 1 个多小时就可抵达沈城。地质专家曾预估，

如果彰武不治理风沙，大约不到 50 年的时间，土地荒漠化就可能推进到沈阳周边，直接威胁到以沈阳为主的大中城市群生态安全。

3 年前，我跟随省政协调研组再次来到彰武。这时，彰武县启动了草原生态恢复示范区建设，提出了以"一年初绿、二年满绿、三年见成效"的目标，要在北部 4 个乡镇 14 个行政村形成 54 万亩疏林草原。按照计划，将流转土地 12.5 万亩，造林 3 万亩，牧草补播 2 万亩，发展庭院经济、特色农业、高效农业约 2500 亩，实施围栏封育 230 公里，建成草原路 58.8 公里……了解到这些，我内心既有隐隐的兴奋，也有深深的期待，不知道下次来到彰武的时候，这里会发生怎样的变化。

2021 年，我再次跟随省政协调研组来到彰武。站在欧李山山顶，满眼望去，一片翠绿：草原植被覆盖度由治理前的不足 20% 提高到 80% 以上，植被草层高度由治理前的 5cm 至 7cm 提高到 30cm 至 40cm。原本裸露的流动沙丘、半流动沙丘已全部固定。横贯在辽蒙边界、绵亘在柳河岸边、蜿蜒于养息牧畔的绿色屏障担起为沈阳等中南部城市遮风挡沙的重任。如今，草原生态恢复示范区以建设阜新百万亩草原生态带为目标，做好"以林挡沙""以水含沙""以草固沙"的生态恢复，对12.5万亩土地进行巩固提高、适度拓展，改良示范区土壤，实施生态恢复造林，打造5片景观花海2000亩。

眼下，彰武人民正在朝着构建"山水林田湖草"生命共同体，打造中国"塞北绿洲"的目标而努力奋斗。在巨大的变化面前，我心中慨叹：彰武县了不起！彰武人好样的！防沙、治沙、用沙，守护家乡、造福人民，刘斌、董福财、李东魁、侯贵等共产党员的崇高境界让我折服；老百姓几十年如一日锲而不舍的艰苦奋斗让我深深感动。此行最为难忘！

我是一名年轻的省政协委员，在履职过程中切身感受到彰武之变，从中汲取了巨大的精神力量。今后，我要坚定不移地把彰武精神践行到实际行动中，在本职岗位传承彰武治沙精神。

（作者系辽宁省政协委员、辽宁汤泉谷现代农业科技有限公司总经理）

"看" 见爱心

孟凡梅

2017 年 5 月，我们组织民革成员赴锦州市义县花儿楼村义诊。参加就医的人挤满了村部广场，其中大部分是留守老人。他们中的很多人从来没有做过眼部检查和治疗。

一位年过六旬的老大娘领着老伴来到眼科医生前，激动地询问："能帮我老伴看看眼睛吗？他说他现在看不见多远了。"话语间，医

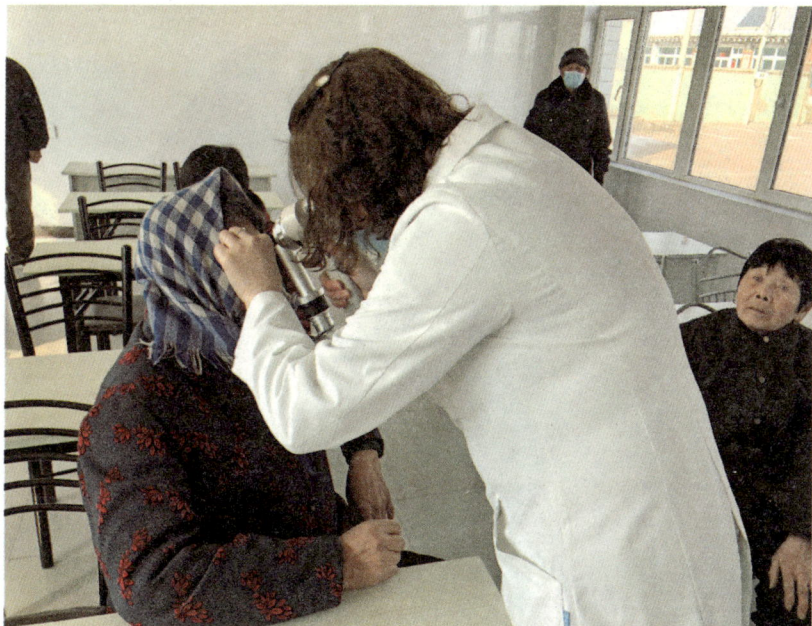

生了解到，老两口的儿子两年前因病去世，大爷是家里唯一的劳动力。他不仅要种地养家，还要照顾腿脚不好的老伴和年幼的孙子。

"大爷，您两只眼睛都患有白内障，左眼睛比较严重，到中晚期了，需要手术。"参加义诊的何氏眼科医院医生得知老人家的家庭情况后，热心地跟村干部和两位老人说："我们与锦州市慈善总会联合开展白内障免费救助，费用的事不用担心！"医生亲切的话语让两位老人悬着的心踏实了下来。几天后，老人来到医院进行白内障手术。当蒙住老人眼睛的纱布揭开那一刻，这位一向坚强的老人不禁老泪纵横："这真的不是做梦啊！我以为我这辈子再也看不见了！"

2018年9月，我们在下乡开展脱贫攻坚民主监督时，发现了一个视力不好、行动不便的小女孩。沟通联系后，眼科医生专程赶赴小女孩家中为她进行诊治。这个当时只有8岁的小女孩名叫冷圆圆，患有先天性白内障，需要立即手术。可她的家庭如同她身患的疾病一样让人揪心：妈妈身患精神障碍症，爸爸长期卧病在床，小女孩

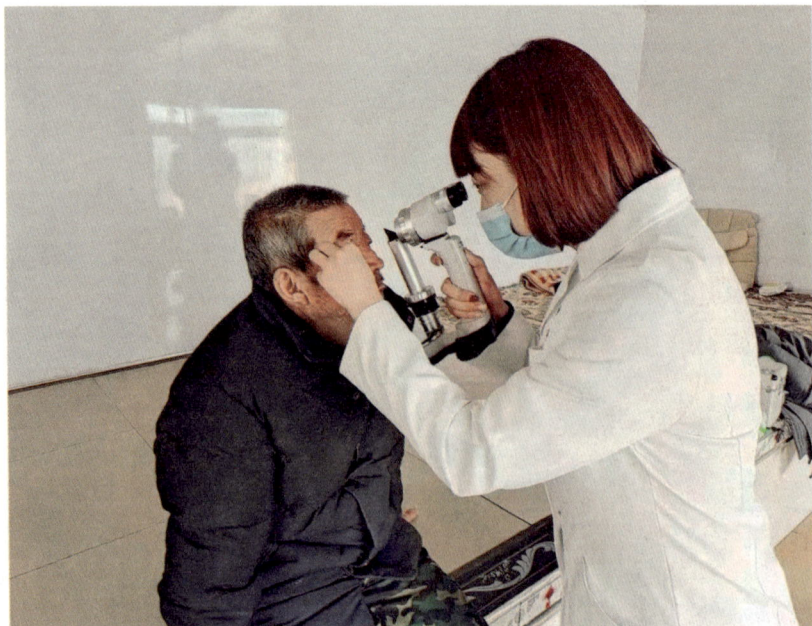

的治疗费让这个家庭"望医兴叹"。医院了解到圆圆的情况后，主动提出为她申请"爱之光公益基金"，减免了治疗费用。手术非常成功，圆圆的视力明显好转，行走自由的她激动万分："我终于可以上学读书了!"

2021年11月，锦州特大暴雪刚刚过去，眼科义诊团队又向滨海新区出发，开始新的诊治救助……

在帮助贫困老年眼疾患者的"慈善光明行"救济项目中，何氏眼科已经救济了近万名白内障患者，通过治疗让他们重见光明。不仅如此，医院还组织专职专班医疗团队常年深入农村、社区、学校，培训了近百名村医，完成了几十万人的社区公益筛查，开展了近百场"防盲治盲"专题讲座，发放了科普材料近百万份。百姓的需要在哪里，他们就把义诊车开到哪里——为百姓服务，为百姓解忧，用实际行动将温度和爱心传递给社会，传递给每一个需要的人，用爱心重焕光明，用行动在乡村振兴中贡献力量。

(作者系锦州市政协委员、民革锦州市委专职副主委)

汽保，从这里走向全国

刘光平

"汽车保修监测哪家强？来咱营口逛一逛。"这句套用的广告语一点都不夸张——营口是全国汽保设备专业信息的中枢和潮流演变的主要发源地。自20世纪60年代萌发，到80年代迅速扩张，从无到有、从小到大，从模仿国外产品起家的小作坊到具备众多拥有自主品牌的龙头企业，营口汽保走过半个多世纪艰苦奋进的岁月，取得了令人瞩目的成就。截至目前，营口汽保产能占全国四分之一，

产品国内市场覆盖率超过 85%，产品销往 37 个国家和地区，出口总额占全国汽保产品出口总额的 43%，很多产品进入"国际级"。

说起营口汽保的历史，要从多个"第一"说起：1966 年 1 月，营口测试仪器厂生产出中国第一台全部国产化的"汽车电器万能试验台"，成为中国第一个生产汽车保修检测设备的厂家，开创了营口汽保设备制造业的先河；1987 年，光大汽车测试设备厂创建，为我国汽保产业填补了 5 项空白；1990 年，生产出中国第一台"CB-9 型汽车车轮动平衡仪"并荣获国家科技部颁发的多个奖项；2008 年，建立起中国第一个汽保行业公共技术研发服务平台；2010 年，建设了中国第一个汽保工业园，并于 2013 年晋升为"国家级特色产业基地"；2014 年，建立起中国第一个汽保设备电子商务平台；2016 年，省质监局批准筹建营口汽保省级产品质量监督检验中心；2017 年，中国（营口）汽保工业园被国家工信部授予"全国产业集群区域品牌建设示范区"，2020 年又被省市场监督管理局评为辽宁省知名品牌创建示范区……

营口汽保产业把眼光放得更长远。2019 年 9 月，组建汽保产业联盟，达成供应链平台建设相关意向；2019 年 12 月，成立汽保供应链平台公司——"联联加（营口）产业发展有限公司"；2020 年，以联联加（营口）产业发展有限公司牵头实施建设的工业互联网标识解析二级节点全面完成部署并实现上线运营，填补了东北地区工业互联网标识解析二级节点的应用空白。

如今，营口已经成为汽保专业化生产基地，拥有 130 多家整机制造厂、400 多户配套加工企业和 15 大系列 200 余个产品体系，其中车轮动平衡仪、轮胎拆装机、举升机和四轮定位仪等系列产品成为营口汽保行业的主导产品，达到了行业大聚集。百年港城，汽保摇篮。创新、发展、国际化，托起了营口这座美丽港城的振兴与发展。

（作者系营口市政协委员、营口市汽车保修设备行业协会会长）

老旧小区的新气象

徐 娜

平坦的道路、规范的车位、整齐的路灯、粉刷一新的墙体、畅通的污水管网、安全封闭的小区……在铁岭市银州区政协委员眼里，老旧小区在改造后呈现出了"让人认不出来"的新气象。

学府小区和长青园小区是 2021 年银州区政府进行老旧小区改造的小区，学府路改造也是区政府 2021 年为百姓办的十件实事之一。虽然改造后的小区不像新建住宅小区那样高大上，但干净整洁的环境、温馨和谐的生活气息给人留下了深刻印象。"以前小区可不是这样。"居民赵光谈起小区的变化，喜悦之情溢于言表，"以前路上坑坑洼洼，下水管道时常堵塞，楼道灯长期不亮，居民在花池内种菜

成风，现在整个小区里里外外都彻底变了样，我们打心眼里高兴。"岭东街文荟社区的学府小区改造后，居民们自发聚集在小区广场上，把酒言欢，对小区又美又好的变化热热闹闹庆祝了一番。席间，一居民的即兴打油诗说出了所有人的心声："小区改造好，政府效率高，环境暖人心，居民颂党恩。"

老旧小区改造一头连着民生，一头连着发展。既是人民群众改善居住条件的迫切愿望，是重大的民生工程和发展工程，也是拉动经济增长的重要举措。2019 年，银州区委、区政府制订出台《老旧小区综合改造实施方案》，明确"一化、三修、四改、五配套"的改造内容，采取区领导包扶、住建局组织实施的形式全力推进老旧小区改造工作。3 年间，银州区委、区政府共投入资金 4.41 亿元改造老旧小区 32 个，涉及住宅楼 815 栋，惠及 42845 户。改造后的小区，楼梯间大白、防水等楼体改造全部完成，排水管网、硬覆盖、绿化种植、亮化照明、健身器材等配套设施一应俱全。从根本上解决了老旧小区脏乱差的状况，优化了小区环境和城市面貌。

从细微处入手，发扬千言万语、千方百计、千辛万苦的精神，以充沛的干劲为民服务，切实解决百姓的需求……在老旧小区改造工程中，银州区在翻新百姓居住环境的同时，也帮百姓敲开了幸福之门。

(作者系铁岭市银州区政协委员、铁岭市君华酒业商贸有限公司常务副总经理)

村民都会画牡丹

张文光

　　画牡丹能致富？这曾是本溪市明山区卧龙街道韩家村村民不敢想也不敢相信的事。现实往往比想象的更美好：画牡丹不仅可以致富，学习画牡丹还不需要学费。2014 年 5 月 28 日，挥舞了半辈子镰刀的村民拿起了书写致富秘诀的画笔，不需要花一分钱，就可以到村口的维莉农民文化艺术学校学画牡丹。

　　学画的开始也颇费周折。为了说服大家，村支部书记孙祥云煞

费苦心，思想工作、物质奖励双管齐下，才让多半村民拿起画笔并一路坚持。一分耕耘一分收获，2015 年夏天，在本溪市首次农民画展销会上，韩家村的牡丹作品惊艳四座，130 幅作品销售一空。这个曾经人均年收入不到两千块钱的贫困村，如今凭着牡丹画向产业化发展迈进——这个名不见经传的小山村全力推进画牡丹、绣牡丹、爱牡丹的牡丹文化，将镰刀画笔深深融合，将劳动人民的勤劳朴实与家乡的山水美景水乳交融，用勤劳的双手书画出一幅"牡丹花开处，富贵满韩家"的美好画卷。

走进韩家村，无处不在的牡丹文化已融入这里的生活。全村干部群众发扬实干精神，不仅延续了极具特色的发展之路，而且加快发展产业的转型升级之路。韩家村发挥区位优势和资源优势，依托维莉农民文化艺术学校，成功升级了山水静乡民宿，打造了伴山草堂、山楂树小院等精品民宿，陶艺、瓷板画、牡丹画等旅游产品。目前，上下游产业初步形成，青涩泥巴、知青岁月、瓷房子等民宿及辽东艺术文化长廊持续推进。将艺术体验型民宿与农村体验型民宿集为一体，有效促进了韩家村农业经济转型和农民增收致富，实现了经济、社会和生态效益的有机统一。

"辽宁省旅游专业村""辽宁省文明村镇""全国文明村镇""特色文化基地"……越来越美的韩家村诚邀各方游客到这里体验山水之乐，共享笔墨之情。

（作者系本溪市政协委员、本溪市明山区政协文法室主任）

辽河治理十年攻坚

朱京海

辽河是中国七大河流之一。在过去相当长的时间里，让辽河变清是辽宁人心目中难以实现的梦想。

辽河流域是我国传统的老工业基地和商品粮基地。伴随经济社会快速发展，辽河流域城市人口急剧增长，工业产业趋向密集，日益增多的工业、农业和生活污水排入河流，超出了辽河的最大环境容量，流域水体受到污染，环境破坏严重，生态面临威胁。1996 年，

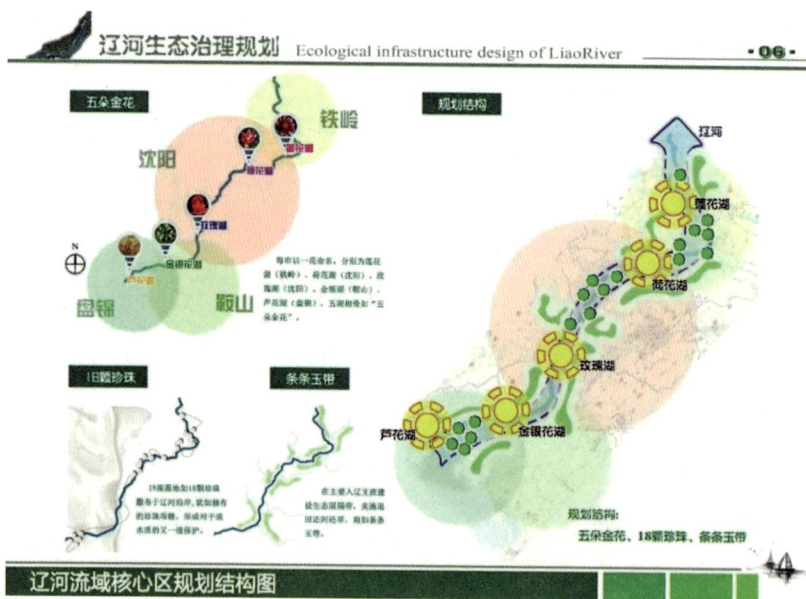

辽河流域核心区规划结构图

辽河被列入全国重点治理的"三河三湖"黑名单，戴上了重度污染的帽子。

辽河不治，辽宁不宁；辽河不清，辽宁难兴。辽河水质的改善和恢复，不仅事关辽宁经济社会的长远发展，更事关广大人民群众的生活质量。

为进一步加强辽河流域综合整治，尽早完成国家重点流域治理任务，时任省环保局副局长的我和同事们共同组织开展了《辽河生态治理概念规划（2006—2015）》编制工作。我们提出了辽河生态治理的规划布局、指导思想、技术措施，实施了"辽河干流重点生态保护与恢复工程"和"支流河口湿地建设工程"，采用"五朵金花、十八颗珍珠、条条玉带"的规划布局和治理理念，沿辽河干流建设5处大型水质调控湿地景观工程（莲花湖、荷花湖、玫瑰湖、金银湖和芦花湖大型湿地，即"五朵金花"）、18处支流河口湿地（即"十八颗珍珠"）及重点河段的生态示范区工程，并进行景观营造，结合"污染源头治理工程"和"垃圾处理工程"开展大规模

超常规治理。通过一系列举措，遏制了水质恶化的趋势，实现了辽河水质的好转。

2009年，辽河干流断面按化学需氧量考核全部消灭劣V类水体，提前1年完成省政府提出的辽河治理目标，首次实现枯水期均值符合V类水质标准。2010年，辽河流域干流化学需氧量进一步降低，其中大辽河高锰酸钾指数同比下降8.9个百分点，各断面化学需氧量均值持续符合V类水质标准。2011年，辽河流域干流水质由重度污染转为中度污染，处于1995年以来最好水平，26个断面劣V类水质比例为26.9%，比2010年下降30.8个百分点。2012年底，按国家21项指标考核，辽河断面全部达到或优于IV类水质标准，其主要支流全部达到或优于V类水质标准，按化学需氧量指标考核，干流水质稳定达到IV类水质标准，个别时段、区段达到III类水质要求。辽河正式退出"三河三湖"重点治理名单，提前3年完成国家重点流域治理任务，彻底摘掉了重度污染的帽子。辽河重现了水清波碧、鸟翔鱼跃的自然风貌，实现了辽宁人民的夙愿。

流域水质的有效改善，为辽河干流生态带、旅游带、城镇带的建设与发展奠定了坚实的基础，环境效益、经济效益和社会效益逐步显现。流域生态蓄水明显增加，滩地植被明显恢复，生物多样性

得到保护，辽河干流沿线建成了绿色景观长廊，"五朵金花""十八颗珍珠"等大小湿地沿流域有机分设，极大提升了流域生态环境质量。辽河干流沿线城镇体系等级、规模更趋合理，形成了铁岭、沈阳、鞍山、盘锦四城市生态节点的空间结构，城市空间布局得以优化和重塑，城市生态环境质量得以恢复和完善，城市形象得以大幅提升。

如今，辽河畔生态旅游活动日益活跃，干流沿线自然生态与现代产业相促进，民族风情、历史文化、现代文明交相辉映——辽河水清，辽河绵长！

（作者系辽宁省政协委员、辽宁省环境健康研究所所长、辽宁省政协人口资源环境委员会副主任）

沈阳公共交通之变

刘宏生

1981 年，我还在沈阳二中读书。那个年代，轿车还是稀罕物，就连自行车都是家庭的大件，对于还是孩子的我们来说，很难有机会骑到。我每天上学经常乘坐 3 路无轨电车和环路无轨电车，大约需要 1 个小时才能从家到达学校。

高中生活紧张忙碌而又单调乏味——每天就是家和学校的两点一线，上课、自习、刷题。上下学往返的乘车时光成为我每天最放

松的时刻。我家住在和平区南十马路，从沈阳和平区到沈河区乘车要经过沈阳体育场、和平广场、南湖公园、辽宁展览馆等地。无轨电车里人们挤得像罐头里的沙丁鱼：没有力气根本挤不上来，在车上不用手扶栏杆就被周围的人紧紧固定，任凭车身摇晃，我如磐石岿然不动。依稀记得，车上的我要么闭目养神，要么背英语单词，如果恰好在车窗旁，还可以欣赏窗外的风景。

40 年过去，无轨电车作为一个历史时期的产物，现在已经看不到了。当时罕见的私家车也早已成为主要交通工具。只不过，驾驶私家车在堵车时会感到无尽的烦恼，所以乘坐公交车仍然是我经常的选择。

如今，沈阳的公共交通也越来越方便：有 280 多条线路和田字型三横三纵的地铁，这都是最守时便捷的交通工具。2020 年，沈阳地铁 10 号线通车当日，我早早带女儿来到家附近的地铁站，准备乘坐第一班地铁。提前一刻钟到达车站时，已经有很多人聚集在此，人们不约而同都想用乘头班车的方式庆祝新线的开通。

曾经很难有机会骑到的自行车也已经变成交通的辅助手段。私

325

人自行车渐渐地淡出人们的视野。我家里的折叠自行车常年停在车库里，很少有机会出行。但是共享单车、共享助力车越来越多，可以随时随地满足大家的短途需求——在路边、在校园、在商业区、在各小区，一排排黄色的、蓝色的、绿色的车子静静地等待骑行者的召唤。

作为地地道道的"老沈阳"人，我在这里生活了50多年。从高中到现在，从无轨电车、自行车、公交车到私家轿车、地铁，出行的交通工具见证了沈阳之变。我真心希望我热爱的城市再次腾飞，焕发新的生机。

（作者系沈阳市政协委员、辽宁大学药学院院长）

后　记

在"讲好'辽宁故事',展示良好发展预期"界别组活动中,辽宁省的省市县三级政协委员努力克服新冠肺炎疫情带来的重重困难,立足自身优势,深入界别群众,以高度的责任感、使命感,挖掘、讲述了大量生动感人的故事,全方位、多角度展现了辽宁之美、辽宁之变、辽宁之好。这些故事在辽宁省内外引起了较大反响,受到部分中央重要媒体和省内各级各类媒体的广泛关注,"委员聊辽"等微博话题热度居高不下。本书继续收集整理媒体发布的精彩故事100个,结集成册,公开出版,形成系列。

在本书的出版过程中,得到了辽宁省政协办公厅、研究室、各专门委员会以及各市政协的大力支持。中国文史出版社工作人员为此付出了辛勤努力,在此一并致谢!

由于编者水平有限,书中难免有疏漏之处,敬请广大读者批评指正。

本书编写组
2022 年 6 月

图书在版编目（CIP）数据

政协委员讲辽宁故事. 2 / 本书编委会编. -- 北京：
中国文史出版社，2022.6

ISBN 978-7-5205-3549-6

Ⅰ. ①政… Ⅱ. ①本… Ⅲ. ①区域经济发展-辽宁-
文集 Ⅳ. ①F127.31-53

中国版本图书馆 CIP 数据核字（2022）第 094801 号

责任编辑：薛媛媛

出版发行：**中国文史出版社**

社　　址：北京市海淀区西八里庄路 69 号院　　邮编：100142

电　　话：010-81136606　81136602　81136603（发行部）

传　　真：010-81136655

印　　装：北京新华印刷有限公司

经　　销：全国新华书店

开　　本：720×1020　1/16

印　　张：21.25　　　字数：247 千字

版　　次：2022 年 6 月第 1 版

印　　次：2022 年 6 月第 1 次印刷

定　　价：80.00 元